中国当代美学家文论家评传

王岳川　主编

西域佛教史

第一节

两地的名称

龟兹和焉耆，在中国历史上很长的一段时间内，同为新疆丝绸之路北道（也有其他说法，不详）大国。虽然名为两地，然而在地理上，历史上，民族上，语言上，宗教信仰上等等方面，实为一体。因此，我现在叙述两地的佛教时，放在一节内叙述。然而，究竟是两个地方，古代称为两个“国”，所以有时还要分开来叙述。总之是有合有分，视需要而定，这样才能使轮廓分明，使读者得一个清晰的概念。

中国当代美学家文论家评传

王岳川 主编

季羡林评传

王岳川◎著

黄山书社

图书在版编目(CIP)数据

季羡林评传 / 王岳川著. —合肥：黄山书社，
2016.8
(中国当代美学家文论家评传)
ISBN 978-7-5461-5591-3

Ⅰ.①季… Ⅱ.①王… Ⅲ.①季羡林(1911-2009)
-评传 Ⅳ.①K825.4

中国版本图书馆 CIP 数据核字(2016)第 139529 号

季羡林评传
JIXIANLINPINGZHUAN

王岳川 著

策　　划 汤吟菲　朱莉莉
责任编辑 汤吟菲　朱莉莉
装帧设计 未　氓
出版发行 时代出版传媒股份有限公司(http://www.press-mart.com)
　　　　 黄山书社(http://www.hspress.cn)
地址邮编 安徽省合肥市蜀山区翡翠路 1118 号出版传媒广场 7 层 230071
印　　刷 安徽国文彩印有限公司
版　　次 2016 年 8 月第 1 版
印　　次 2016 年 8 月第 1 次印刷
开　　本 700mm × 1000mm　1/16
字　　数 180 千
印　　张 14.5
书　　号 ISBN 978-7-5461-5591-3
定　　价 46.00 元

服务热线 0551-63533706
销售热线 0551-63533761
官方直营书店(http://hsssbook.taobao.com)

总 序

近百年来,中国美学文论学在西方现代性与后现代性的不断扩张中,艰难地生产着自己的文化和美学新思维,在欧风美雨中不断吐纳吸收的同时变更着自己的美学文艺学立场。然而,当美学和文论边界不断扩大化的时候,中国美学文论身份却出现了辨识上的危机。中国美学家文论家的集团没有形成,甚至可以说在长达一个世纪之内,学者们在一个一个地细读、消化、评论西方美学家文论家,却没有看到中国美学文论界整体性地对中国百年来的美学家文论家加以整体研究的著作。

尤为严重的是,中国美学界文论界在对整个西方美学界文论界加以研究的时候,已经从宏观研究进入到微观研究层面,对西方古典美学家文论家、西方近现代美学家文论家、西方后现代美学家文论家的研究著作已多不胜数,而整个西方对中国美学家文论家的了解和研究却几乎是空白。这种文化美学上的不对等性,导致中西美学界文论界产生了巨额的"文化赤字"。这种"文化赤字"可能引发的"文化战争"危险,迄今仍然没有引起学术界的高度重视。

一、中国美学家文论家需在国际话语中重建身份

作为大国崛起的中国,其当代美学文论的前沿话语是同整个世界前沿话语相连的。中国面对世界,世界不可能背对中国。东方大国的美学文艺学在失去自我身份后亟需重新反省并获得自我身份:在经历了一个世纪的西化浪潮之后重新检讨中国美学的精神价值取向,从全盘西化的美学文论研究的盲视中走出来,重新以"走近经典"的文化高度和精神厚度,审视中西文化深层对话时代中的中国美学文论身份;从西方美学文论的中国化到中国美学文论经验的世界化的转型中,关注文化创新与文学理论创新的同步性,进而守正创新——"走近经典"并"创新经典"。

不同的价值立场使得在全球范围内出现了文化宗教层面的反全球化的多元文化主义潮流。多元文化伴随着人类历史而发展:中国文化传统、希腊

文化传统、希伯来文化传统、阿拉伯伊斯兰文化传统、非洲文化传统等多种文化不断消长,此起彼伏地影响着人类社会的进程。整体性现代社会正在发生大分裂,世界正在走向新的多元化、多样化。

当代西方文论的全球扩张,深层原因是西方现代性与后现代性的全球播撒。现代性使当代西方艺术具有了文化霸权的话语平台。现代性与科技发明和殖民主义相关,短短200年就使得西方成为世界霸主。但反过来,现代性也让西方和世界深受其害。因为在现代性发展和大国崛起的几百年历史中,世界告别了"王道"而成就了"霸道",最终导致两次世界大战并走近第三次世界大战的边缘。于是审美现代性、后现代性开始放弃价值升华的追求,现代艺术家开始感受世界堕落般的"恶心"。艺术家堕入了虚无主义、悲观主义和文化失败主义的泥潭,对人类后殖民未来充满了悲观意绪。

西方乘着全球化的翅膀开始了文化霸权的飞翔。霸权是一种在文化领域中争夺"领导权"或"控制权"的话语,将历史上属于某个阶级的意识形态扩张化,使之成为人类对西方话语权力的普遍认同。于是,话语权力不是作为强权而是作为权威而得到行施,人们的精神文化生活在不知不觉中被政治化。人类在价值崩溃中彻底地世俗化,人类精神生态失衡已经习焉不察地成为意识形态符码。

当然,在一个相互交织并消解冷战思维模式的共存时代,如果没有西方"他者"的"镜像",我们就无法清晰地审视中国文化的"自我"。通过文化镜像深度的自我审视,将有助于把东西方文化的对抗转化为不同文化体制的创造性互动,从而使本土性真正与全球性获得整合,使中国文论创新在不断明晰丰富和深度拓展中,推进"中国形象"的立场定位。

二、从西方文论中国化到中国文论经验的世界化

全球化格局下的文学理论以建构多元多样性诗学为己任,这种多元文化观将使"汉语学界"突破西方文论的单一知识框架,重新审视东方文学传统中的文化理念和文学观念,关注中国文学在新的世界格局中的现代性诗学特征,并通过对差异性文化精神的体认,获得更为宽松多元的文化差异性结论。

事实上,在文化美学领域中国际惯例不是西方惯例,游戏规则不应该由西方单边建立;国际惯例是世界共同创造的,游戏规则是东西方共同建立的。中国美学文论应该参与到建立游戏规则的过程中去,而不能"他者"建立了规则,东方大国仅仅去遵守。只有这样,当代理论家才能不在传统和现代之间徘徊犹豫,才能不用再按照西方模式亦步亦趋,而是摆脱了模仿西方的兴趣,打破西方艺术的惯例,开始以自己的方式在精神生态中寻找中国式的文论光辉和美学神采。

当代中国美学文论流派原创、范畴创新、体系"守正创新"应该提到议事日程上来了。在中国现代性经验没有进入国际大循环,没有成为人类经验的一部分,没有引起世界充分关注的时候,中国文论"守正创新"势在必行。

三、在"守正创新"中整体展示中国美学文论大家

在全球化后现代语境中,新世纪中国文论应在当代文论流派众多的话语角逐中,超越西化跟潮的流派横向移植,超越"五四情结"的现代性诉求,

在全球化文化互动中从事中国美学播撒和新理论输出，形成中西双向的“理论旅行”。一种对等互动的“旅行”，使本土文化艺术和理论反思能够真实地发生和生成在这片厚土之中，完成从一个世纪的拿来主义之后的“文化输出”。在美学文论创作方式、本体结构、接受方式、传播机制、价值功能等方面都产生转变的时代，真正的美学文论前沿践行者，当通过自己的笔歌墨唱，为21世纪中国美学文论的自我创新和输出提供坚实的文化观念和价值重建地基。

走近经典为了继承，创意经典为了图新，美学图新为了精神原创，这表达了我对中国美学文论界整体高于并超越前人的美学观念、美学形态、文论方法、文论传播的某种文化期待。“守正创新”是生命精神喷发状态，而“原创力”是文化软实力，可以表征美学文论新的大国形象。

当代美学家文论家努力的方向是文论原创性，只有真正走近经典的美学家文论家才有可能成为时代美学文论大家，也只有不断创出新经典的原创型美学家文论家才有可能成为时代美学文论大家。可以说，在当代西方美学文论研究了30年以后，应推出一大批不断创新的中国美学文论精英。只有中国美学文论大家的国际影响力提升了，才可能从发现东方文化的精髓到推出一个新的理念——中国文论的文化输出！美学文论国际互动是新世纪中国文论的文化战略，这意味着，新世纪美学文论不仅是中国的，也应该“走出去”而成为世界的！表明从本土主义文化出发应该提出世界主义的美学文论观。

最后需要说明的是，在高水平开创性学术丛书出版困难的时期，黄山书社决定推出这套《中国当代美学家文论家评传》，令人感佩。首批推出朱光潜、宗白华、杨晦、季羡林、王元化、蒋孔阳、李泽厚、钱中文、胡经之、童庆炳等十位中国当代美学家文论家的评传。评传在“评”的方面突出对所评专家学术成果的评介，在“传”的方面则尽可能地钩沉出所评专家一些鲜为人知的人生趣事，使其呈现出浓郁的生活气息。通过丛书的出版，力求打破多年来在中西方文化交流中，中国对国外思想家了解较多，而国外对中国当代思想家却知之甚少的局面，为中国当代“文化输出”做一些推动性工作。

这套丛书的出版，不仅可以使相关领域的研究者能对这些经历了20世纪欧风美雨的中国美学家文论家的精神世界有更深入的了解，也能让更多的读者领略和认识这些跨世纪美学大家的审美风采，从而推动新世纪中国当代美学文艺学研究的国际化。

是为序。

王岳川

2015年1月8日于北京大学

目 录

绪 论

君子不器,大爱无疆。

在一个流行愚乐至死、搞笑调侃的社会语境中,在流行下半身写作和反崇高的文化虚无主义时代,在一个消费主义、拜金主义、文化自卑主义流行的时代,季羡林被当下流行话语不断地消费并误读。这种误读体现在一些人只重视季羡林先生的散文随笔和访谈,进而想当然地认为季羡林是散文家、是杂家;或者只重视留洋博士、“文革”十年、养猫养龟、种花种荷逸闻趣事;更有甚者只对字画捐赠、家庭失和、生活花边新闻等充满兴趣,而忘记了季羡林在多个学术领域勤奋耕耘近一个世纪,承往圣继绝学,在绝门学术上有极高的建树和重大的开拓:1. 印度古代语言特别是佛教梵文、吐火罗文、巴利文研究;2. 印度佛教史、中国佛教史、中亚佛教史研究;3. 糖史以及科技史和文化史研究;4. 中印文化交流史、中外文化交流史、中西文化差异和共性研究;5. 印度古代文学《罗摩衍那》《沙恭达罗》的翻译和研究;6. 德国及西方文学研究;7. 美学和中国古代文艺理论研究;8. 比较文学及民间文学研究;9. 新世纪中国文化发展战略研究;10. 散文、杂文和书法创作。

我在学术生涯中,深深地感受到大学者的坚毅乐观的精神人格魅力,于是决定用我的笔,将我所认识的季羡林先生呈现出来。这部《季羡林评传》重视季老一生做了哪些“继绝学”的重要工作,有哪些“开太平”的新思想。谈论季老的精神人格和学术风范,应该从他的学术历程、人生沉浮、生平轶事以及价值信仰,甚至从20世纪中国知识分子精神史的角度阐述其思想的重要意义。鉴于文艺学、美学丛书的体例要求,本书对季老其他传记中研究较多的印度古代语言研究开拓性贡献,佛教史研究的正本清源,吐火罗语释读研究,中印文化交流史研究等,加以略写。将笔墨重点放在:中外文化交流史研究,翻译介绍印度文学及印度文学研究,比较文学研究并提出建立比较文学的中国学派,东方文化研究并提出“西化”之后是“东化”,文艺学美学研究和书法创作,文学(散文)创作和诗文阐释等几个领域,尽力展示季羡林文学研究和文艺学美学方面的思想和智慧。同时,不将这部《季羡林评传》写成其一生履历的浪漫演绎,这样的书坊间已经不少,不必再添。我将以“学术评传”的方式阐释季羡林的文艺学、美学和文化研究等思想,将重点放在他学术研究的重要观点和建树上,写出季羡林学术人格尤其是其后期学术思想的思考和创新。

20世纪中国知识分子精神史体现在一代代学术大师的修身治学和治国方略上。20世纪中国知识分子大致有七代谱系——晚清、五四、30年代、建国后、“文革”、高考恢复后、跨世纪一代。季老属于第三代知识分子。这一代人打通中西，走出国门，构成了现代中国知识谱系重要一环。季老出生于孔孟之乡山东，是普通的农民之子，经过苦读进入高等学府，会通中西后出国深造；回国后经历了“文革”浩劫。无论时代风云变幻，季老均惜时如金，高度重视原始资料，笔耕不辍，充分体现了一代人文科学家的严谨之风。而今这一代之绝响亦凋零，可谓国家民族之沉痛损失。

我与季老近三十年交往中的诸多往事历历在目，深感季老的朴实与伟大并重。季老高度重视学术传承，他言传身教，对有志于学的青年人关爱有

>> 1985年王岳川与季羡林先生

加;季老治学严谨,勤奋著述,笃信“楼有多高,地基有多深”。“君子不器”,不能命定般地将季老列入一个对号入座的学术范围。可以说,季老的“齐奘”笔名显示出他见贤思齐的“玄奘精神”,更表征了他对东西方的文化交流史和中国新世纪文化战略的深远眼光。

先生为了写《糖史》,从1993年至1994年用了差不多两年的时间,每天来回五六里路去北大图书馆,风雨无阻,寒暑不辍。他说:“我面对汪洋浩瀚的《四库全书》和插架盈楼的书山书海,枯坐在那里,夏天要忍受三十五六摄氏度的酷暑,挥汗如雨,耐心地看下去。有时候偶尔碰到一条有用的资料,便欣喜如获至宝。但有时候也枯坐上半个上午,把白内障尚不严重的双眼累得个‘一佛出世,二佛升天’,却找不到一条有用的材料,嗒然拖着疲惫的双腿,返回家来。经过了两年的苦练,我炼就一双火眼金睛,能目下不是十行,二十行,而是目下一页,而遗漏率却小到几乎没有的程度。”从新时期以来近三十年,季老撰写了近三百篇学术论文,出版了十几部学术著作。其一生的总数达1200万言,这种以写作连接的生命本体,显示了思想自由之后的空前喷发的写作状态。

季老的人生哲学堪称自然中正,为后人留下了宝贵的人格榜样。“文革”期间被强迫在校园扫地和做学生收发室工作,季老乐天知命,从不怨天尤人,利用批斗之余从事艰难学术翻译工作九年如一日,翻译印度两大古代史诗之一的《罗摩衍那》近2万颂,译成汉语有9万余行,成为中国翻译史上的空前盛事;“文革”后拿出200万字的《罗摩衍那》出版,震惊学界。《牛棚杂忆》是一本讲真话的书,季老讲求宽容,更重真理,平生不说假话;他热爱所有生命,大爱无疆,重视亲情,善待动物,并多次将稿费捐献给家乡小学回馈故土;季老衣食朴素,洗尽铅华,惟以学问思想动人,其高洁的人格襟抱宛如朗润园中一丛“季荷”。从季老身上,折射出一代知识分子平凡而神圣的光辉。

术有专攻，季羡林先生花了很多的时间作印度学、宗教学、语言学、翻译学、文学比较、思想史等研究，不可能专门去做中国哲学，也不可能专门去做唐诗宋词乃至于先秦古文等，季老自己要摘除——“国学大师”“学术泰斗”“国宝”三顶帽子。他说我做不到“泰山北斗”那么高，我是一个很普通的人，穿着普通，每天进出于图书馆，找到两条好资料心花怒放，如果没找到我就心里彷徨。他还说，称他国宝最早是一个画家偶然提起的。国宝是大熊猫，是稀有动物，而我们这样的动物太多了，中国有14亿。可以看出他很谦虚也很自然，同时也不以名利为重。季老说过：人卧不过六尺，高不过六尺，而一个骨灰盒才一尺而已，有什么好争?!

季羡林坚持生态文化观点，认为自然“天人合一”是最重要的。西方采取的是强硬的手段，要“征服自然”，而东方则主张采用和平友好的手段，也就是天人合一。要先与自然做朋友，然后再伸手向自然索取人类生存所需要的一切。宋代大哲学家张载说：“民，吾同胞，物，吾与也。”确乎如此！现代性扩张导致的东方各国的“全盘西化”浪潮，已经被百年历史证明不是东方的福音，而是人类单面化和异化的开始。人类遭遇的问题，核大战也罢，资源耗尽也罢，环境污染也罢，海啸和外星球撞击地球也罢，告诉人们一个事实，现代性极度膨胀会反过来毁灭人类。可见，现代性为人们承诺美好生活的同时，又带给人们太多的生态灾难：自然生态危机、社会生态危机、精神生态危机、文化生态危机，使得森林毁灭，水土流失，河海污染，物种退化，精神失落，道德沦丧，心态失衡，形成威胁人类生存的生态大灾场。面对精神生态失衡的消费主义和文化霸权主义，哲人们提倡具有文化生态意义的重回乡土感受生命大地的精神复归方式。人类的精神生态同样遭遇到空前的危机。季羡林先生注意到，在西方现代性的导引下，无论是亚洲还是非洲正

>>1990 年王岳川与季羡林先生

在走向“理论翻新时代”和“肉体体验时代”。于是,升级、突破、扩展、肉身感、消费主义就成为这代人的精神轨迹。当代人成为从旧的“经验时代”蜕变出来又仰望着“理论时代”的中间人,他们从生活话语方式、日常行为模式、当下时尚态度中,将生活娱乐化、文化流行化、生命肉身化、精神平面化。于是在一种“新新人类”的日常生活化中,改变着当代人的想象、城市的色彩和气质、周边的环境和思维演变。对此,必须参照东方文化的“天人合一”加以补充和平衡,才会使西方话语单边主义和人类中心主义有所收敛。

季羡林说:“要说真话,不讲假话。假话全不讲,真话不全讲。”这在浮生如梦的时尚时代是怎样勇毅和清醒!《孟子·万章下》:“颂其诗、读其书,不知其人可乎?是以论其世也。是尚友也。”西汉司马迁在《史记·屈原贾生列传》中说:“余读《离骚》《天问》《招魂》《哀郢》,悲其志,观屈原所自沉渊,未尝不垂涕,想见其为人。”南宋朱熹《四书章句集注》解释孟子的话:“论其世,论其当世行事之迹也。言既观其言,则不可以不知其为人之实,是以又考其行也。”在知人论世中,我看到这位学富五车、汇通中西的学者,在佛学研究、梵语研究、东方学研究,乃至中国的思想文化、艺术文化、民间文化方面都有很高的建树,但又是那样的朴素谦和宽博慈祥——季老是我见过的人中的慧者!

季老说:我的一生主要是爬格子。几十年来,我已经爬出了上千万的字。这些东西都值得爬吗?我认为是值得的。我爬出的东西不见得都是精金粹玉,都是甘露醍醐,吃了能让人飞升成仙;但是其中绝没有毒药,绝没有假冒伪劣,读了以后,至少能让人获得点享受,能让人爱国、爱乡、爱人类、爱自然、爱儿童,爱一切美好的东西。季老多年来养成了早起的习惯,每天早晨4点半起床,前后差不了五分钟。5点吃早点后立即工作。他常常自己警告说:人吃饭是为了活着,但活着绝不是为了吃饭。人的一生是短暂的,绝不能白白把生命浪费掉。如果有一天工作没有什么收获,晚上躺在床上就疚愧难安,认为是慢性自杀。真可谓:“爬格不知老已至,名利于我如浮云。”

季羡林接受《艺术人生》访问时说:“利人利得多,超过利己,就是好人。利己多于利人,就不是好人。毫不利人,专门利己,就是大坏人。利一个对象,一个自己,怎么来处理这个问题。毫不利己,专门利人,那个就太高了,能够利人,也能利己,就应该说是好人。利人的程度越高,好的程度也就越高,这是我定义的好坏,什么叫好坏。”通过利人的程度来评判好人坏人,别开生面。他还说:“我们中华民族发明创造,有物质的,也有精神的,这些发明创造,我们都提供给世界,从而推动了人类社会的前进。我们今天提出了‘和谐’这个概念,我们提出来,这就是对世界一个很大的贡献。现在世界缺少就是和谐,到处打仗,我们提出这个不但对眼前,对于人类的未来,也要讲究和谐。”这就是一个知识分子对国家的忠诚。

2000 年我回国后去朗润园问候先生,正好北京电视台在拍摄《北大魂》,采访季老,我静静地在一池春水盛开的“季荷”旁,听先生面对镜头畅谈知识分子的精神立场和价值身份,其大胆和勇毅令后学失色。他说:“百年北大建校初期,校长大多是学富五车之士,而多数禀有真正的人文知识分子精神。其后的一些校长,有的在人格眼光胸襟才华上大不如从前了。”还说:“创一流大学,北大文科就是一流的,如果不好好提升,则是重大失职。文科作为真正的一流,应该好好扶持啊!”

>>2000 年王岳川与季羡林先生、张岱年先生

2001 年，先生身体渐弱而经常生病住院。有一次我去看望刚出院回家的季老。季老为我题写了一幅书法“极高明而道中庸”，其中深邃的含义和期许，已然成为我的座右铭。然后，老人对我说：“我感到身体一天不如一天，经常住院，也许上天给我的时间不太多了。”于是，老人决定向北大图书馆捐赠自己的部分图书和物品等。季老认为“国宝放在国家手里是最安全的做法”，让人深深感动而高山仰止。

2002 年，季老收到北大学生会办的学生刊物《大学生》，先生用放大镜认真阅读，发现刊物中有一些错字错句，花时间给我写了长信一一指出其中的错漏，委托我到学生编辑部将信转给编辑，请编辑一定认真审稿——北大无小事。面对一本薄薄的学生刊物，却如此认真一丝不苟，其严谨的学风和诲人不倦的情怀，对学问坚持“在明明德，在亲民，在止于至善”的境界，让我闭目思来心中感佩。

2003 年，季先生认为，万物方生方死，是至理名言。季老认为自己年届耄耋，对生命和名利的态度完全是道家的、超脱的，因此很欣赏陶渊明的四句诗：“纵浪大化中，不喜亦不惧。应尽便顺尽，无复独多虑。”季老正是这样一位透悟生死的慧者。缅怀学术前辈的同时，当代学者和青年人也要对学问人生更多一份虔敬与忠诚。眼光有多远，路就有多远。有知方能有畏，学问之道贵在不偏不倚、持之以恒，天下兴亡，匹夫有责，

>>2001 年王岳川与季羡林先生

学者应将个人欲望压到最低，以“为万世开太平”的心胸道义为担当，在这个意义上，季老的座右铭“极高明而道中庸”值得我们每个人深思再深思。

2004 年，生命不息，思想不止。季老住院后在身体状况不好的情况下还坚持每天写作思考，这使我想起曹孟德说的“老骥伏枥”“壮心不已”的话，但是季老却是在不断践行着。病中的先生支撑着已不能站立的病躯，忍受着因写作而导致的反复发烧和化脓性皮炎的折磨，以每天惊人毅力写作，使自己一生学问思想与死亡之神赛跑，坚毅地写下来传之后人……每每想起这些，都令人无比感动。

2005 年，季先生提出：每位大师都是不可超越的，每个大师都是一座丰碑。“自清末以来中国学术界也由于种种原因，陆续出现了一些国学大师。我个人认为，最主要的原因是西方文化尤其是西方哲学思想和学术思想，以排山倒海之势涌入中国，中国学坛上的少数先进人物，接受了西方学术思想的影响，同时又忠诚地继承和发展了中国古代优秀的学术传统，于是就开出了与以前不同的鲜丽的花朵，产生了少数一次出现而又不可超越的大师。我想以章太炎划界，他同他的老师俞曲园代表了两个时代。章太炎是不可超越的，王国维是不可超越的，陈寅恪是不可超越的，汤用彤同样是不可超越的。”我想，这实在是东方大国崛起中的文化自信和文化自

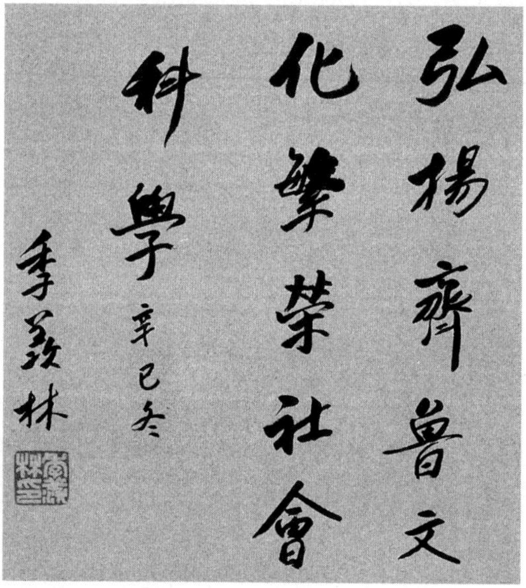

>> 季羡林先生书法

>>2004 年王岳川在季羡林先生即将到 301 医院长期住院前合影

觉，深隐着人文科学之独创性是不能用自然科学来规划的独特思想。可以说，敢于发表新论，决不与人雷同，不惧他人在东方复兴和重写文学史等话题后的争论攻击。这大抵是晚年季先生的一个学术思想特色。

2006 年，先生为北大书法所在首都博物馆的大型书法展题词："北大书法艺术研究所，将海内外书法家和书法理论家团结起来，在深邃的北大文化土壤中培养新一代的书法博士和研究生，这实在是令人欣慰的事。书法创作必须尊重艺术文化规律，凡是违背这些规律走入旁门左道的所谓追新，即是与大学书法旨趣相悖的。大学书法不仅是艺术更是文化，也是学者们对汉文字的美化和文化化。从毕业展作品集充满文化气息的作品中，可以看到北京大学书法的文化风貌和学术精神。"我去取先生题词的时候，他说：

“艺术界名人很多，但是一些人为什么后来的艺术就走下坡路了呢，就是因为文化底蕴欠火候。”而季老推荐他的好友范曾先生到北大书法所讲课。季先生对我说：“范曾作为专业大书画家，其古文和中国文化底蕴非常深厚。”我想，当代中国书法和绘画如果丧失了文化，丧失了金字塔的底座（文化）而只要那个尖（技法）的话，这是非常危险的事情。在季老题赠给我的“极高明而道中庸”行书中，感到“高明”与“守中”的度——写得不温不火，无法而法度皆备。同样，在题写的兰州碑林中，撰写了长篇精美的碑文阐释丝绸之路的历史意义和东西方交流价值：“丝绸之路，历时悠久，东西文化，赖以交流。……”其中的历史深度和学术眼光同一般的文人墨客的题咏判若霄壤。而2007年季老病中所书《文化书法》，支持北大提出的“文化书法”，对中国书法“守正创新，正大气象”做出了很好的阐释！

2007年8月，我又要去海外任教一年，到301医院向先生辞行。因为堵

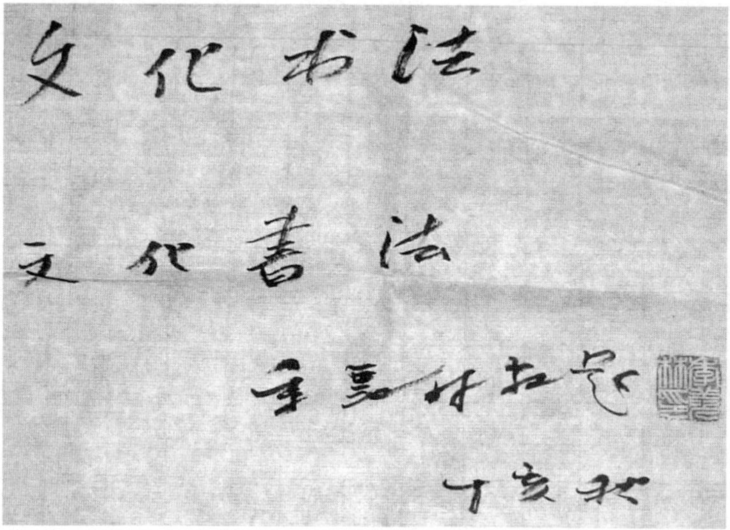

>>2007年8月季羡林先生在医院为《文化书法》题词

车而晚到，老人一直坐着等我。见面后谆谆告诫我：好好到海外传播中国文化，不管有多难都要坚持文化输出。他又悄悄地笑着告诉我，前不久刚刚回过一次北大朗润园老家。童心慧眼的先生喜欢养波斯猫，当离家三年多的先生回家时，猫猫一眼就认出了阔别的老友，纵身跳入"老伙计"怀中。当时季老感动得热泪盈眶，跟随的人面对此久别重逢的感人场景也唏嘘不已。季老擦着眼泪对我说："谁说猫猫是白眼不认人，应该平反啊。"说得我也感动莫名。我关心地问先生的身体状况，他乐观地告诉我，"我会活一百二十岁，我的事情还没有做完呢！"但是，我分明从先生已经失聪的右耳和苍老疲惫的脸上，看到先生身体大不如从前，不由心如刀割。然而，先生支撑着已

>>2006年1月8日王岳川在301医院看望季羡林先生，并送上刚出版的四卷本《季羡林学术精粹》

不能站立的病躯，每天以2000字的惊人毅力推进着，使自己的学问思想形成文字，构成学术生命的长青藤……

2008年，我坐在301医院季老的病榻旁，听着季老缓慢微弱的话音，脑海浮现出20年前的场景：1988年，我刚留北大任教，去拜访季先生。先生盯着我问：地基有多深就知道房子能修多高——你外语阅读能力怎么样？学位论文之后下一步准备写什么？是否能够大胆走入打通中西的学术道路？能够给我看看你发表的最新论著吗？除你专业以外的知识面宽度厚度怎么样？这种超乎寻常的严格追问，给我以深刻的学术警策和思想震撼。而1993年，我被破格晋升为教授，季老对我说，这只是说明你有做学问的基础

>>2008年6月王岳川与季羡林先生对话

和培养学生的底子，但要做一个真正立身于世不为稻粱谋的真正学者乃至大学问家，还有很远很难的路要走……二十多年来，我终于明白了，学问乃一生之学之问！一生的前沿学术追问！一生人格修为和精神求索！

2009年，季老走了，差不多成为他这一代知识分子的绝响。这位世纪老人给我们诸多启迪：这位昔日的洋博士今日的慈祥老人，性格宽厚平和有如泰山石，穿着发白的蓝中山装提着旧书包奔走于各种国际会议的形象，胜过了那些假洋士多少虚假宣言和媒体做秀；他因宅心仁厚不忍拒绝他人邀请参会，而只能在会议缠身的间隙中，心游万仞强行远离尘嚣写成篇篇美文，使我们得以走进他“深情冷眼”的人间情怀；他对小动物充满深情，常年养小猫小龟等小动物，每日写作疲倦时同它们亲近游戏，甚至“经常为一些小猫小狗小花小草惹起万斛闲愁”，这种天性流露的美丽反衬出他人格高大、爱心深厚；他对后生学者的奖掖提携之多难以言尽，一生培养了六千多名弟子，其中不少是国内知名东方学学者，还有几十人成为各国驻外大使；他对学生治学要求极严，但是一旦多年不见的弟子从海外远道归来，他总是推开所有的会议，与其在书房中尽兴畅谈……

回忆未名湖后湖午夜亮起的灯光，那可是百年北大老人透过暗夜的精神之光，这一灯独荧正在迎来东方世纪的满天朝霞。

第一章　求学生涯与学术根基

季羡林(1911—2009)是一位近百岁的长寿老人。在漫长的生命之流中,他从乡下到城里,从国内到国外,从小学、中学、大学到洋研究院,从“志于学”到超过“从心所欲不逾距”,既经过“山重水复疑无路”,又看到“柳暗花明又一村”。喜悦与忧伤并驾,失望与希望齐飞,其生活经历和学术历程可谓波澜迭起,宠辱不惊,一声叹息,令人深思。

一、少年时代国学与英文同时奠基

1911 年 8 月 6 日季羡林生于山东省清平县官庄。六岁以前,马景恭老师教他认识文字。六岁去济南投奔叔父,先在私塾里念《百家姓》《千字文》《三字经》《四书》之类。然后上小学。在新育小学考过甲等第三名、乙等第一名。在学国文的同时开始学英语,当时正规小学并没有英语课。季羡林学英语是利用业余时间,上课是在晚上,学了一点语法、一些单词。又要到尚实英文学社去学英文,一直到十点才回家。这样的日子,大概过了八年。

可以说，季羡林从小在国学和英文方面同时发展，在中西文化方面打下了坚实的学术基础。

其后，他在正谊中学上初中，下课以后，参加了一个古文学习班，读了《左传》《战国策》《史记》等书。叔父对季羡林期望大要求高，不仅亲自讲课，还选了一本《课侄选文》，大都是些理学的文章——叔父认为季羡林的学习压力还不够大，必须再加点码。他亲自为其选了一些篇古文，讲宋明理学的居多，亲手用毛笔正楷抄成一本书，名之曰“课侄选文”，有空闲时，亲口讲授，一讲就是一两个小时。这些文章对季羡林来说，远远比不上叔父称之为“闲书”的那一批《彭公案》《济公传》等等有趣。他往往躲在被窝里用手电筒来偷看这些书。

>> 季羡林先生高中毕业，时年 19 岁

正式课程有国文、英文、数学、物理、生物、地理、历史。国文念《古文观止》一类的书，要求背诵。英文念《泰西五十轶事》《天方夜谭》《莎氏乐府本事》《纳氏文法》等等。写

国文作文全用文言，英文也写作文。课外，除了上补习班外，还读了大量的旧小说，《三国演义》《西游记》《红楼梦》《封神演义》《说唐全传》《说岳全传》《济公传》《彭公案》《三侠五义》《西厢记》《金瓶梅》一类的书。季羡林最喜爱的书大致有：一、司马迁《史记》，二、《世说新语》，三、陶渊明的诗，四、李白的诗，五、杜甫的诗，六、南唐后主李煜的词，七、苏轼的诗文词，八、纳兰性德的词，九、吴敬梓的《儒林外史》，十、曹雪芹的《红楼梦》。

>>1934 年季羡林先生济南高中任教留影

季羡林在正谊念了半年高中，1926 年转入新成立的山东大学附设高中，继续学英文，又开始学了点德文，对外国文学发生兴趣。但是这个启发不是来自英文教员，而是来自国文教员。国文老师有董秋芳（冬芬）、夏莱蒂、胡也频等等，都是有名的作家。胡也频先生只教了几个月，就被国民党通缉，逃到上海，不久就壮烈牺牲。以后是董秋芳先生教学。他是北大英文系毕业，曾翻译过一本短篇小说集《争自由的波浪》，鲁迅写了序言。他同鲁迅通过信，通信全文都收在《鲁迅全集》中。他虽然教国文，却是外国文学出身，在教学中自然会讲到外国文学。这段时间，季羡林曾从日本东京丸善书店订购过几本外国文学的书。其中一本是英国作家吉卜林的短篇小说，他还着手翻译过其中的一篇。

1930 年，季羡林高中毕业，到北平考大学，他大胆地报了最高学府北大和清华，结果两个大学都录取了。最后，季羡林因清华出国机会多而选了清华。选系时，选了西洋系。这个系分三个专修方向：英文、德文、法文。只要选某种语言一至四年，就算是专修某种语言。其实这只是一个形式，因为英

>>1934 年季羡林先生清华毕业照

文是季羡林从小学就学起的,而德文和法文则是从字母学起。教授中外籍人士居多,不管是哪国人,上课都讲英语,连中国教授也多半讲英语。课程也以英国文学为主,课本都是英文的,课程有“欧洲文学史”“欧洲古典文学”“中世纪文学”“文艺复兴文学”“文艺批评”“莎士比亚”“英国浪漫诗人”“近代长篇小说”“文学概论”“文艺心理学(美学)”“西洋通史”“大一国文”“一二年级英语”,等等。季羡林在清华大学四年,兴趣相当广泛,语言、文学、历史、宗教几乎都涉及到了。从大一德文,一直念到大四德文,最后写论文还是用英文,题目是《The Early Poems of Holderlin》,指导教师是艾克。在这期间,除了写作散文以外,他还翻译了德莱塞的《旧世纪还在新的时候》,屠格涅夫的《玫瑰是多么美丽,多么新鲜呵……》,史密斯(Smith)的《蔷薇》,杰克逊(H. Jackson)的《代替一篇春歌》,马奎斯(D. Marquis)的《守财奴自传序》,索洛古勃(Sologub)的一些作品,荷尔德林的一些诗,其中《玫瑰是多么美丽,多么新鲜呵……》《代替一篇春歌》《蔷薇》等几篇发表了。同时,在清华季羡林开始对梵文发生兴趣,旁听陈寅恪先生的佛经翻译文学,但由于当时没有人教梵文,研究梵文的愿望落空了。

这段时间,季羡林大量读书,主要书目有:《老子》《论语》《庄子》《孟子》《易经》《书经》《诗经》唐宋八大家的散文《二十四史》《文心雕龙》《梦溪笔谈》《诗品》《宋高僧传》《四十二章经》《一切经音义》《般若经》等,还浏览过《宝德藏》、念常集的《佛祖历代通载》《佛祖统纪》《集古今佛道论衡》《续高僧传》、范温的《潜溪诗眼》《壬辰录》、刘献廷的《广阳杂记》《梅磵诗话》《说郛》(包括刘元卿的《应谐录》)《清平山堂话本》《外台密要》《南海寄归内法传》等古书。

1934 年,季羡林清华毕业,找工作碰了钉子。母校山东济南高中的校长宋还吾先生邀他回母校任国文教员。一年后,季羡林听闻清华大学与德国签订了交换研究生的协定,毅然报名应考,顺利地被录取。于是,季羡林辞别家人,准备行装,远赴德国留学,开始了他学术研究生涯的新历程。

机会总是留给有准备的人。正是季羡林从小学到中学到大学,对英语、德语、法语的的潜心研究,对国学的痴心阅读和精深研究,他完整的知识结构使他成为了双语精英,为未来的文化研究打下了坚实的学术基础。

二、留德十年后执教北大半个多世纪

1935 年的深秋,季羡林到了德国哥廷根大学,开始了国外的学习生活。季羡林选的主系是印度学,两个副系是英国语言学和斯拉夫语言学。季羡林学习了梵文、巴利文、俄文、南斯拉夫文、阿拉伯文等等,还选了不少的课,开始师从瓦尔德施米特教授学习梵文和巴利文,后又从西克教授学习吠陀和吐火罗文。梵文文学作品只在授课时作为语言教材来学习。第二次世界大战爆发,瓦尔德施米特被征从军,西克以耄耋之年出来代他授课。这位年老的老师先后教了季羡林吠陀、《大疏》、吐火罗语。在文学方面,

>>1935 年季羡林先生留学德国哥廷根大学

>> 1941 年季羡林先生获哲学博士学位

他教了季羡林比较困难的檀丁的《十王子传》。当时季羡林主要是研究混合梵文,没有想到要研究梵文文学,他的兴趣完全转移到语言方面,转移到吐火罗文方面去了。在哥廷根的日子里,季羡林饱受轰炸、饥饿、乡愁的煎熬。其自述曰:“梵学、佛学、吐火罗文研究并举,中国文学、比较文学、文艺理论研究齐飞。”国家为外寇侵入,家人数年无消息,上有飞机轰炸,下无食品果腹。然而读书却无任何干扰。教授和学生多被征从军。偌大的两个研究所:印度学研究所和汉学研究所,都归季羡林一个人掌管。插架数万册珍贵图书,任季羡林翻阅。在汉学研究所深深的院落里,高大阴沉的书库中,在梵学研究所古老的研究室中,阒无一人。季羡林的博士论文题目是研究佛教梵语的,有人也称之为“混合梵文”或“揭陀语言”。这是一种基本上是梵文但又掺杂了不少古代方言的文字。在小乘向大乘过渡的期间,或者在季羡林称之为“原始大乘佛教”的期间,许多佛典都是用这种文字写成的。有的佛典原来是用纯粹方言写成的,随着“梵文的复兴”以及一些别的原因,佛典文字方言成分逐渐减少,而梵文成分则逐渐增多,于是就形成了所谓“佛教梵语”。在这些方言中,东部方言摩揭陀语占有很大的比重。于是,有的学者就推测,最初可能有用古代东部半摩揭陀方言纂成的“原始佛典”(Urkanon)。获得博士学位后,由于战事关系,季羡林被迫留在哥大教书,仍然集中全力,在极端艰苦的条件下,从事佛教梵语的研究,发表过几篇颇有分量的论文。

1945 年,在来到哥廷根十年之后,季羡林终于盼来了光明,东西方的法西斯垮台了。二战结束后,季羡林听说陈寅恪先生正在英国就医,连忙给他写了一封致敬信,并附上发表在哥廷根科学院集刊上用德文写成的论文,向他汇报十年学习的成绩。很快就收到了陈寅恪先生的回信,推荐他到北大任教。

北大为全国最高学府,名扬全球,但是,门坎一向极高,等闲难得进入。陈寅恪先生把季羡林推荐给了当时北大校长胡适之先生,代理校长傅斯年先生,文学院院长汤用彤先生。陈寅恪先生在学术界有极高的声望,一言九鼎,北大三位领导立即接受。季羡林到了北京以后,一片“落叶满长安”的悲凉气象,先在沙滩红楼暂住。年轻的季羡林走进了北大的大门,拜见汤用彤先生。按北大当时的规定,从海外得到了博士学位回国的人,只能任副教授,在清华叫作专任讲师,经过几年的时间,才能转向正教授,季羡林任副教授。过了大约一周的光景,汤先生告诉季羡林,他已被聘为正教授,兼东方语言文学系的系主任。季羡林在北京大学发现由于资料和信息的限制,他的佛教梵语研究完全无法继续下去,只好顺应时势改了行。季羡林在科学研究方面是一个闲不住的人,他尝试了很多研究领域,成了一名“杂家”。有一个问题自己也无法回答:是季羡林留在欧洲在学术上发挥作用大呢,还是回到国内来发挥作用更大?一般的看法是后者发挥作用更大。季羡林认为,这个问题留待后人去回答吧。

>>1946 年季羡林先生回国任北大教授

季羡林在印度学领域内的兴趣集中在印度古代及中世佛典梵文上,特别是在“混合梵文”上,然而做这样的工作需要大量专业的专著和杂志。在哥廷根十年,季羡林写论文用了上千种专著和杂志,可见其收藏之富。季羡林回国留在北大教书,北大虽然典籍之富甲天下,然而,关于印度学的书刊则少得可怜,季羡林对最心爱的对象印度古代混合梵文研究已经不可能了,而新的研究对象在哪里呢?季羡林考虑两个必要条件:一个是不能离开印度,一个是国内现成的资料不够充足。离开了印度,则季羡林十年所学都成了无用之物。资料不够充足,研究仍会遇到困难。季羡林虽对古代印度语言的研究难舍难分,却是一筹莫展。这段时间,季羡林搞了一些翻译工作,翻译了马克思论印度的几篇论文,翻译了德国女作家安娜·西格斯的短篇小说。季羡林还翻译了恩格斯用英文写成的《英国工人阶级状况》,只完成了一本粗糙的译稿,后来由中共中央马列著作翻译局拿了去整理出版,收入《马克思恩格斯全集》中。然而,季羡林心中最大的疙瘩还没有解开:旧业搞不成了,自己何去何从?在哥廷根大学汉学研究所图书室阅书时,因为觉得有兴趣,曾随手从《大藏经》那一大套笔记丛刊中,抄录了一些有关中印关系史和德国人称之为“比较文学史”的资料。当时季羡林还并没有想毕生从事中印关系史和比较文学史的研究工作,虽然下意识中觉得这件工作是十分有意义的,非常值得去做的。回国以后,尽管中国图书馆中关于印度和比较文学史的书籍极为匮乏,但是中国典籍则浩瀚无量,倘若研究中印文化关系史和比较文学史,至少中国这一边的资料是取之不尽、用之不竭的,而且这个课题至少还同印度沾边,不致十年负笈,前功尽弃。季羡林反复思考,尽管心中始终没有忘记印度古代语言的研究,但目前也只能顺应时势,进行中印关系史和比较文学史的研究。

然而从50年代初到1976年“文革”结束,季羡林看到运动一个接一个,批判一浪接一浪。批判除了写文章以外,就是开会,开会与批判紧密相连,可谓无日不开会。诗人冯至套用李后主的词,写了两句话:“春花秋月何时了？开会知多少。”从中可见当时学者们的心情。季羡林认为，中国文化也遭受过厄运，碰到过挫折。仅就现当代而言，就遇到过两次极大的灾难。一次是“五四运动”，一次是“十年浩劫”。五四运动想要破坏封建顽固僵化、倒退的那一套东西，把国外先进的东西引进来，不能不采取些过激的手段，泼洗澡水暂时连孩子也泼掉了，矫枉要过正，有时也真难以避免。但是，十年浩劫却是另外一码事，性质迥乎不同。浩劫的目的就在于破坏，盲目地、残暴地、毫无理智地、失去一切人性地一味地破坏，不但把孩子泼掉了，连洗澡盆也不要了。这是人类空前的悲剧，其结果是众所周知，有目共睹的。

“文革”中，季羡林被戴上一大堆可怕的帽子，蹲过牛棚，受过批斗，群众专政，从事过劳动改造，甚至遭受过毒打而准备自杀。“我被抄家，被批斗，被打得头破血流、鼻青脸肿。我并不是那种豁达大度什么都不在乎的人。我一时被斗得晕头转向，下定决心，自己结束自己的性命。决心既下，我心情反而显得异常平静，简直平静得有点可怕。我把历年积攒的安眠药片和药水都装到口袋里，最后看了与我共患难的婶母和老伴一眼，刚准备出门跳墙逃走，大门上响起了雷鸣般的撞门声，‘新北大公社’的红卫兵来押解我到大饭厅去批斗了。这真正是千钧一发呀！这一场批斗进行得十分激烈，十分野蛮，我被打得躺在地上站不起来。然而我一下得到了‘顿悟’：一个人忍受挨打折磨的能力，是没有极限的。我能够忍受下去的！我不死了！我要活下去！……十年的‘文化大革命’，是中国历史上空前的最野蛮、最残暴、最愚昧、最荒谬的一场悲剧，它给伟大的中华民族脸上抹了黑。我们永远不应忘记！”[①]

最终，季羡林挺过来了，被“造反派”命令到35楼看大门、守电话、分信

---

① 季羡林：《我的心是一面镜子》，见王岳川编《学问人生——季羡林自述》，山东友谊出版社2006年版，第25页。

>>1991年季羡林先生八十寿辰在北大图书馆举办展览

件。他在艰难的条件下，开始翻译印度两大史诗之一的《罗摩衍那》，从文体上来看，这部大史诗不算太难，但是个别地方还是有问题有困难的。在当时，这部书在印度有不同语言的译本，印度以外还没有全译本，连英文也只有一个编译本。当时极“左”之风尚未全息，读书重视业务，被认为是“修正主义”。季羡林若公然在门房中摊开梵文原本，翻译起来，至少也得挨批斗五次。于是，季羡林晚上回家，把梵文译为汉文散文，写成小纸条，装在口袋里，白天枯坐门房中，脑袋里不停地思考，把散文改为有韵的诗。又费了一两年的时间，终于把全书的译文整理完。

毫无疑问，政治斗争使得季羡林的学术研究受到极大的影响，甚至停顿不前。他曾说过：“根据我个人的经验，新中国建立后将近五十年可以分为两大阶段，分界线是1978年，前面将近三十年为一阶段，后面将近二十年为一阶段。在第一阶段中，搞学术研究工作的知识分子只能信，不能想，不允许想，不敢想。天天如临深履薄，天天代圣人立言，不敢说自己的话，不允许说自己的话。在这种情况下，想在学术研究中搞点儿什么名堂出来，真是难于上青天了。只有真正贯彻了'百花齐放、百家争鸣'的精神，学术才能真正繁荣，否则学术，特别是人文社会科学，就只能干瘪。这是古今中外学术史证明了的一条规律，不承认是不行的"。①

从1978年起，改革开放的春风吹遍大地，在意识形态方面，从事学术研究工作的学者们，脑袋上的紧箍咒被砸掉了，可以比较自由地、独立自主地思考了，从而学术界思想比较活跃起来。思想活跃历来都是推动学术研究前进的重要条件。中国学术界萌生了生气勃勃的生机。这以后，季羡林的学术研究出现了全新的景象，论文和专著等学术成果呈现不断喷发的良好态势。

三、研究范围和学术发展的轨迹

根据季羡林自己的归纳统计，他的学术研究涉及的范围约有以下十几项：1. 印度古代语言，特别是佛教梵文；2. 吐火罗文；3. 印度古代文学；4. 印度佛教史；5. 中国佛教史；6. 中亚佛教史；7. 糖史；8. 中印文化交流史；9. 中外文化交流史；10. 中西文化之差异和共性；11. 美学和中国古代文艺理论；12. 德国及西方文学；13. 比较文学及民间文学；14. 散文及杂文创作。季羡林的研究方法是由考证到兼顾义理。他认为：清儒分学问为三门：义理、辞章、考

---

① 季羡林：《回到祖国》，见王岳川编《学问人生——季羡林自述》，山东友谊出版社2006年版，第152页。

据。最理想的是三者集于一人之身,但这很难。桐城派虽然如此主张,但是,他们真正的成就多半在辞章一门,其他两门是谈不上的。“我在三门学问中最喜爱考证,亦称考据。考据,严格说来,只能算是一个研究方法,其精髓就是,无证不信,‘拿证据来’,不容你胡思乱想,毫无根据。在中国学术史上,考据大盛于清朝乾嘉时代,当时大师辈出,使我们读懂了以前无法读的古书,这是它最大的贡献。真正的学术著作,约略言之,可以分为两大类:单篇的论文与成本的专著。后者的重要性不言自明。古今中外的许多大部头的专著,像中国汉代司马迁的《史记》、宋代司马光的《资治通鉴》等等,都是名垂千古、辉煌璀璨的巨著,是我们国家的瑰宝。这里不再详论。我要比较详细地谈一谈单篇论文的问题。单篇论文的核心是讲自己的看法,自己异于前人的新意,要发前人未发之覆。有这样的文章,学术才能一步步、一代代向前发展。如果写一部专著,其中可能有自己的新意,也可能没有。因为大多数的专著是综合的、全面的叙述,即使不是自己的新意,也必须写进去,否则就不算全面。论文则没有这种负担,它的目的不是全面,而是深入,而是有新意,它与专著的关系可以说是相辅相成吧。必须中西兼通,中外结合,地上文献与地下考古资料相结合”。

季羡林认为,要想从事科学研究工作,应该在四个方面下工夫:一,理论;二,知识面;三,外语;四,汉文。唐代刘知几主张,治史学要有才、学、识。我现在勉强套用一下,理论属识,知识面属学,外语和汉文属才。同时,必须清楚进行科学研究指导方针。季羡林很欣赏胡适提出的“大胆的假设,小心的求证”,“我认为是不刊之论,是放之四海而皆准的方针。古今中外,无论是社会科学,还是自然科学,概莫能外。在那一段教条主义猖獗、形而上学飞扬跋扈的时期内,这个方针曾受到多年连续不断的批判。我当时就百思不得其解。试问哪一个学者能离开假设与求证呢?所谓大胆,就是不为过

>>1991 年季羡林先生每天骑车到北大图书馆

去的先入之见所限，不为权威所囿，能够放开眼光，敞开胸怀，独具只眼，另辟路径，提出自己的假设，甚至胡思乱想，想入非非，亦无不可。如果连这一点胆量都不敢有，那只有循规蹈矩，墨守成法，鼠目寸光，拾人牙慧，个人决不会有创造，学术决不会进步。”①

最后，季羡林对自己一生的学术做了一个总结：“计算一下，最近几年来，我每年写的文章，数目远远超过过去的任何一年。我平生最长最艰巨的两部书，都是在耄耋之年完成的。一部是长达 80 万字的《糖史》，一部是也长达数十万字（因为部分用英文写成的，字数难以准确统计）的吐火罗文 A 方言（焉耆文）的《弥勒会见记剧本》的译释。我虽然是个杂家，但是杂中还

① 季羡林著：《季羡林自传》，当代中国出版社 2008 年版，第 98 页。

是有重点的。可惜,由于一些原因,不明真相的人往往不明白我干的究竟是哪一行。外面来的信,有的寄到中文系,有的寄到历史系,有的寄到哲学系,有的寄到西语系,有的甚至寄到社会学系。从中可以看出人们对我的了解。两部大书一出,估计可以减少点混乱。对我来说,这种混乱一点影响也没有的。”

正是社会上对季羡林的误读和对杂家的偏见,我有必要通过以下各章给他的学术思想尤其是文艺学、美学和比较文化方面的思想加以逐一分析,以正视听。使我们得以了解这位世纪老人的悲欢离合、所思所作、所为所得。

第二章　东方学与东方文学

在北大半个多世纪的人生中，季羡林都锁定在自己学术中，他将自己一生的学术智慧放在了研究东方文化在世界文化中应有的位置上。作为北京大学东语系的系主任，他的主要工作无疑是研究东方学，可以说，他的东方学的文化理论和文学理论都具有时代的气息和超前的学术眼光。

一、东方学与东方文学研究的意义

季羡林对东方文化的看法关键在于：现在主宰世界的是西方文化，但这只能是一时的现象。西方人轻视东方文化，实出于民族偏见和历史误读。而作为东方人尤其是中国人，轻视东方文化，则是文化虚无主义和文化自卑主义作怪，是一种文化短见。如果看问题能上下数千年，纵横几万里，则能看到事实的真相。

因此在20世纪80年代末，季羡林以空前的学术热情和深邃的学术眼光大胆提出：三十年河东，三十年河西的

“河东河西论”。“从人类几千年的历史上来看，东西方文化的相互关系是‘三十年河西，三十年河东’。中国在汉唐时期，长安(西安)实际上是世界经济文化的中心。这也是事实，谁也否认不掉的。自明末西学东渐开始，情况逐渐有了变化。1840年的鸦片战争是一个转折点。日本认真学习西方文化，自1868年明治维新开始，时间早于中国，成绩大于中国，直到今天，科技浸浸乎将居世界首位矣。河西河东行将易位。西方人挟其科技优势，自命为天之骄子。然而，据我的看法，人类历史上从来没有哪一个文化能延长万岁千秋，从下一个世纪开始，河东将取代河西，东方文化将逐渐主宰世界。西方人自认为他们那种以分析思维模式为基础的科学和哲学是绝对真理，然而自然界和人类社会中许多现象和问题，他们并不能解决。这一点西方许多有识之士已经敏锐地感觉到了，比如德国的施本格勒(Spengler)、英国的汤因比(Toynbee)等等。西方最近几年兴起的一些新兴学科，比如模糊学、混沌学等等，也表现了同一个症兆。”①

我们知道，后殖民主义大师赛义德强调，一种文化总趋于对另一种文化加以改头换面，而不是真实地接纳这种文化，即总为了接受者的利益接受篡

① 季羡林:《东方文化与西方文化》，见王岳川编《季羡林学术精粹》第四卷，山东友谊出版社2006年版，第10页。

改过的内容。东方主义者总是改变东方的本来面目而使其神秘化，这种做法是为了自己和自己的工作，也是为其所信仰的那个东方。东方主义将东方打碎后，按西方的趣味和利益重组一个容易被驾驭的"单位"。因此，这种东方主义研究是"偏执狂"的一种形式，是一种知识—权力运作的结果。"它创造了一种永恒不变的东方精神乌托邦。"[①]在赛义德看来，西方为自己的经济、政治、文化利益编造了一整套重构东方的战术，并规定了西方对东方的理解，通过文学、历史、学术著作描写的东方形象，为其帝国主义政治、军事统治服务。这意味着作为一种权力和控制形式的东方主义在内容上是有效的，这种有效建立在"白人"优越论的种族主义思想上，同时使从事东方主义研究的知识分子陷入一种"失败"主义情绪中："东方主义的失败是知识分子的失败，也是人类的失败。东方主义站在与世界一个地区完全对立的立场上，认为这个地区同自己所在的地区不同，因此它没有看清人类的经验，没有将东方看成人类的经验"[②]。也就是说，作为东方主义者的西方知识分子利用文化研究并未增进人类总体经验，并未消除民族主义和宗主国中心主义的前见而去解释人类文化的总体体系。通过对东方的文化研究，他们参与着种族歧视、文化霸权和精神垄断。赛义德质疑这种文化研究的内在矛盾和困境，并主张削弱这种唯心主义式的文化特权，因为对文化霸权的"抵抗"同权力运作一样，也是文化的组成部分。

正是在后殖民主义研究这一语境中，季羡林提出的"河东河西论"，具有不可忽略的重要意义，并在90年代引起了学术界巨大的争议和争论。一些全盘西化者坚持认为西方的月亮比中国圆，固执己见地认为，西方价值和选择是人类最终的归宿。对此季羡林坚决不同意，他明确提出：东方文化具有

---

① Said, E. W. *Orientalism*, New York: Pantheon, 1978, p. 246.

② Said, E. W. *Orientalism*, New York: Pantheon, 1978, p. 328.

长久的生命和不可限量的未来价值。季羡林这一“坚持东方话语合理性”的思想，在东方主义话语中有其自身独特的性质，即不断坚持中国中心观——中国不是任何“他者”文化附庸和话语倾销地，相反，在新世纪有可能从东方思想中获得新的整合性话语。不难看到，20 世纪的“近东”和“中东”，被西方重新阐释并深入到文明内部问题的研究层面，而“远东”问题则落在了西方研究中心视野之外。何况日本已经“脱亚入欧”，中国成为一个被不断误读、妖魔化、平面化的国家。谁来阐释中国？中国形象因为什么而“被看”？中国历史究竟应该怎样重新阐释？

对此，季羡林明确指出，人类文化发展的前途是东方和西方共同促进发展的，由于西方的文化危机、经济危机、价值危机和美学危机，“自二十一世纪起，东方文化将逐渐取代西方文化，我的意思并不是说完全铲除或者消灭西方文化，那是根本不可能的，也是违反人类社会发展规律的。正确的做法是继承西方文化在几百年内所取得的一切光辉灿烂的业绩，以东方文化的综合思维济西方文化分析思维之穷，把全人类文化提高发展到一个更高更新的阶段。”①人类文化总会不断地前进，在任何时候也不会停步不前，这就是人类社会发展的规律。

正是基于这一东方文化崛起的观点，季羡林在东方文学研究中贯穿了这一思想，坚持认为东方文学历史悠久、意义深邃，具有不可忽略的价值。他在《东方文学的研究范围和特点》中全面阐释对东方文学整体看法：东方，最初只是一个地理概念，但也有一个发展过程，时代不同，典籍不同，“东方”的涵盖面也就不同。后来又添上了一个政治概念，“东方”成了被侵略，被剥削的代名词。而且学术界一个奇怪的现象，必须要加以解释：为什么中国学

① 季羡林：《东方文化与西方文化》，见王岳川编《季羡林学术精粹》第四卷，山东友谊出版社 2006 年版，第 10 页。

者写的东方各种史中一般不写中国。中国不是东方大国吗？季羡林认为，主要原因是：加入中国问题的梳理，则篇幅必然会大大地扩大，而且有关中国的专史，数量极大，不必再挤进东方各种史之类的书籍中，争一席之地。

在季羡林看来，东方文学和西方文学具有美学特征和价值取向的差异，东方文学的特点、内容和发展规律有其自身的文化逻辑、文化基础和心理结构。文学的特点决定于民族心理素质和语言文字等表达工具。可以把世界文化区分为四个文化体系：一、中国文化体系；二、印度文化体系；三、波斯、阿拉伯伊斯兰文化体系；四、欧洲文化体系。在这四个文化体系中，前三者属于东方文化体系，最后一个是西方文化体系。这也决定了东方文学的范围。“一个民族文化发展规律大体上可以分为三个步骤：第一，以本民族的共同心理素质为基础，根据逐渐形成的文化特点，独立发展。第二，接受外来的影响，在一个大的文化体系内进行文化交流。大的文化体系以外的影响有时也会渗入。第三，形成一个以本民族的文化为基础、外来文化为补充的文化混合体或者汇合体”。[①] 文学是文化的一个重要组成部，文学发展的规律不能脱离文化发展的规律。因此，一个国家，一个民族的文学的发展，也可以分为三个步骤：第一，根据本国、本民族的情况独立发展。第二，受到本文化体系内其他国家、民族文学的影响。第三，以本国、本民族文学发展的特点为基础的，或多或少涂上外来文学色彩的新文学。上面讲的文化和文学的发展三步骤只不过是一个大体的轮廓而已。季羡林认为，诗歌必须有形式，必须有格律，格律的形式可能因语言文字的不同而大有差异，但是必须有，则一也。文学艺术最忌平板，必须有跌宕起伏，诗歌更甚。格律，韵

---

① 季羡林：《东方文学研究的范围和特点》，见王岳川编《季羡林学术精粹》，山东友谊出版社 2006 年版，第 22 页。

律,正是这种跌宕起伏的表现和手段。[①]

季羡林先生注意到东西方各个民族国家的文学发展具有自己的文化命运和文化轨迹。我想进一步说,西方文明曾受东方文明影响!

可以说,西方人将希腊作为西方文明的开端,并以各种现代性叙事阐释这一文化源头,进而片面地将西方文化看成人类最初的曙光。事实在于,希腊文化作为一种曾经失落的文明,是近代以来因现代性和全球化的需要而被创造出来的一种连贯的文明形态。[②] 其实,西方文明既不是一种连续性文明,又不是独立成熟的文明形态,而是深深地受到东方文明影响的文明。史学家如是说:“我们之所以由东方开始,不是因为亚洲乃我们所熟知为最古老文明之地,而是因为亚洲文明是形成希腊与罗马文化的背景与基石,而梅因(Sir Henry Maine)却误以为希腊与罗马文明乃是现代文明之源。当我们获知大多数重要的发明、经济与政治组织、科学与文学、哲学与宗教,都是来自埃及及东方时,我们定会惊讶不止。”[③]“随着西欧‘中国文化热’的降温,欧洲人不再视中国为人类知识的发源地,而崇奉希腊人为人类最伟大的教师,在甚嚣尘上的否定中国文化的言论声中,结束了‘全人类最伟大的文化和文明’。”[④]

两河流域和埃及文明中关于人与人的关系的处理和人与超自然力的神的关系的处理,启发了西方人。在文字、艺术、宗教等方面,西方文明对近东文明有着诸多借鉴:“在技术方面,无论是建筑学、测量学、城建学,还是军事技术(包括青铜和铁制武器的制造),制造术的发展,雕刻艺术都是从两河流

---

① 季羡林:《东方文学研究的范围和特点》,见王岳川编《季羡林学术精粹》第四卷,山东友谊出版社 2006 年版,第 23 页。

② 王岳川著:《发现东方》,北京图书馆出版社 2003 年版,第 3—64 页。

③ [美]威尔·杜兰著:《世界文明史·东方的遗产》,幼狮文化公司译,东方出版社 1999 年版,第 3 页。

④ 于桂芬著:《西风东渐》,商务印书馆 2001 年版,第 108 页。

域和埃及传入的。在科学方面，大到天文学、数学、几何学、修辞学，小到具体的对时间的测量，历法的制定，都是由两河流域和埃及的文明开创先河的。就连贸易的艺术，钱币的使用，法律组织和规范社会的观念，外交手段的运用，以及国际条约的签订都由两河流域和埃及人首创。"[①]在这个意义上可以说，西方文明是吸收东方先进文明而获得精神能量的。正是将人置于宇宙中心，强调"人是万物的尺度"（古希腊哲学家普罗泰戈拉德），才使得现代西方人与古希腊人在坚持人文主义，高扬人性中找到了精神共鸣。

那么，当代人为什么会认为西方人的艺术话语、经济网络和价值体系高于东方人呢，这来自于历史的误读。在我看来，古希腊以人为本的思想和哲学思维、科学精神、民主政治、文艺精神等方面的原创性，奠定了西方文明的基础。而对希腊文化的世界性传播，古罗马有着重要的历史贡献。古罗马主要通过其帝国势力的扩展和大量的文化持续传播，将希腊城邦狭小区域的思想放大而变成全球性的思想。古罗马使希腊世界化，没有这种量的扩散，古希腊仍然只能是区域性的思想。虽然古希腊和古罗马前后相继，但毕竟是不同性质的两种文化。希腊更欣赏平静安宁的生活，而罗马则强调强悍的生命活力。希腊人对罗马人的态度夹杂着恐惧和鄙视——因罗马武力的强盛而感到恐惧，又因罗马没文化而鄙视。希腊人认为自己在诸多方面优于罗马：手工艺、农业技术、优秀官吏具备的人文知识、像柏拉图和苏格拉底那样的对话、享受生活的优雅，还有艺术、文学和哲学方面的修养等。而罗马人的优势在于军事技术和社会团结，尤其在法律方面取得的成就，无疑成为西方法制的基石。[②]

古罗马孕育了西方的"世界精神"，有其进步性也有其局限性。罗马传

---

① 徐新著：《西方文化史》，北京大学出版社2002年版，第29页。

② 雷海宗著：《西洋文化史纲要》，上海古籍出版社2001年版，第3—4页。

播了文化,使得野蛮的罗马人没有使社会变成永久的黑暗,而因其传播文明使西半球明亮起来。当然,这种扩张还形成另一种深刻的观念,在罗马人心目中,罗马帝国在本质上是全世界性的。这种观点传给了基督教会,因此基督教会认为自己超越佛教和伊斯兰教而成为“公教”,具有了审判全世界的先定合法性。古罗马传播全球性的观念——公教思想使得他们认为人类是一个大家庭,具有一种普遍的文化,像一个世界性的国家,进而认为基督教以外的都是邪教,西方以外的地方只称为“非西方”。这就如同“人类中心主义”认为除了人以外都是“非人”一样。这也成为了今天美国的“全球化 = 全盘西化 = 美国化”的逻辑。

其实,这个星球最早亮起来的是东方。西方一些词语事实上是从东方汲取的,如果没有中东文明,这些词语的出现是不可想象的:代数、酒精、炼丹、蒸馏器、碱、方位、天顶等。阿拉伯人接受了东罗马帝国的文明以后,促使了文化的融合,出现了这些新的词语。回教徒的接触使得西方人知道了阿拉伯的数字、代数和化学。这一问题,值得深入探讨。希腊文明在语言、宗教和思想方面受两河流域文明启发,在宗教上希伯来文明成为了西方文明的重要来源。无论是其一神论思想(上帝的超验性、永恒性、全能性、仁慈性),还是人身关系上的“契约观”(人与上帝通过外在的立约形式确定关系),以及“末世论”(当末日到来时有上帝派遣的弥赛亚救世会降临),使得西方在上帝信仰、日常生活中无处不在的“契约论”,每个生命最终获救、复活和不朽,成为西方文化中的深层无意识。

我注意到季羡林的工作除了研究佛教语言和佛经翻译等,其重心在研究外国文学上。但他也清醒地看到,中国的外国文学研究问题还不少,“总起来看,我们的水平还是不够高的。我们的研究工作中还存在着不少的问题,在文艺理论的教学和研究等方面都有问题。最近有不少同志提出了方法论的问题,这是提得非常正确的。我们确实翻译了大量的外国作品,古代的、中世纪的、近代的、当代的都有。但是我们的理论工作,我们的评论工作,还流于一般化,理论上没有什么突出的建树。往往是书翻译完了,而译者对他所译的作品的真正意义还说不清楚;即使勉强写出了前言或者后记,企图解释作品的内容,也往往流于简单化、公式化,给人的印象是没有搔着痒处。要想改变这种局面,我认为,关键问题在于必须从理论的研究上加以突破。想在理论研究上有所突破,必须先在方法论上有所突破。过去几乎所有学科的历史都证明了一个事实:许多新的发明创造,许多新的学科之所以能够出现,往往都是以新的研究方法为前提。过去看不到的东西,有了新方法就能够看到;过去看得比较肤浅的东西,有了新方法,就能看到更深的层次,看到内在的规律性。我们必须努力掌握新的科学研究方法。……研究外国文学,决不能拾人牙慧,更不能鹦鹉学舌;这样做,外国文学研究者和读者都是决不能同意的"①。确乎如此,艺术创作主体上应该是个人的,或者说以个人审美体验为主。但作为艺术家,他的作品里面反映出族群的一种精神和意识取向。换言之,他是以个人的体验为基础的,它的内在的精神是贯穿着整个族群的精神。这样的文学研究,必然反映出一个国家一个民族的精神状态和文化深度。

>>1988 年季羡林先生在书房

① 季羡林:《外国文学研究应当有中国特色》,见王岳川编《季羡林学术精粹》第四卷,山东友谊出版社 2006 年版,第 11—12 页。

我认为,每一种文化都有自己的遗传编码和遗传密码,它规定了某种文化的基本指纹。因而,艺术精神具有四个层次:第一个层次称为"文本精神"。这里没有用语言,不过也可以叫文本的"语言精神"。因为海德格尔曾经说过一句话,"语言是存在的家"。他是把语言和存在等同起来,因为这是一个语言中心时代。不过我们对此也不能盲目接受,因此谈到文本的时候,谈到的不是存在问题,而是艺术的基本结构和要素。第二个层次称为"个体精神"。我们曾经讨论到艺术的个体体验,强调艺术活动的主体需要丰满的情感,要有正义,要有超越的精神,要有生生之为易的精神。这个层面上的艺术精神就是个体精神。第三个层次的艺术精神称为"文化精神",这主要是指族类的文化精神。最高的境界也就是第四个层次的艺术精神就是"天地精神","与天地来往"。大家可坐飞机,当飞机在升上数千米高空的时候,一般来说都进入沉沉的黑云当中,你就会感觉到,棉花在窗外飘过去。一旦当它越出云层,进入万米以上高空的时候,你会突然觉得天地开阔,而且你这个时候再看大气层的颜色是墨蓝色,特别深。再往下看大地是黑沉沉的灰色。再看目光穷及天穹的地方,是一种沉沉的苍穹的颜色。尽管今天科技已经让我们知道天地之外没有上帝,没有嫦娥,没有玉兔,但没有关系,因为空间的无穷博大使人可以知道人的有限性,所以要有天地精神。"与天地往来"不在于我们一定要飞到天外去,而是说要把一己小我同人类沟通起来。

因此,季羡林认为:"想要建立有中国特色的外国文学研究,至少应该有三个前提或者基础:第一,必须突出理论的研究。第二,必须在方法论上努力求新。第三,必须做到古为今用,外为中用,以我为主。世界所有国家研究外国文学,都或多或少有自己的理论作为指导,不强调理论研究的是非常少的,只是强调的方式有所不同而已。现在欧美各国的外国文学研究确实是有理论的。他们的文艺理论派别很多,名家不少,风起云涌,蔚为大观。

文学活动是一种审美活动,不管哪一个国家的文学作品,必须能给人以美的享受,里面可以包括伦理价值,也可以不包括,简单的美的享受也能陶冶人的性灵,提高人的精神境界,使人永远向上。即使是悲剧,也不例外,它也能'净化'人的灵魂。决没有哪个国家,哪个民族的文艺理论主张给人以丑的厌恶。正如同吃饭一样,各民族都有自己独特的口味,却决没有专爱吃腐烂发臭的东西的民族。'口之于味,有同嗜焉',就是这个意思。但是对于这个美的本质,则有很多不同的解释,分析这个美有不同的方式。从这个角度上来看,世界上应该有评论、分析文学作品的不同方法和不同的角度;应该有许多不同的流派或传统。据我的看法,除了希腊、罗马以来的传统以外,还有中国一家、印度一家。世界上文艺理论能独立成为体系的,除了马克思主义以外,只有自希腊、罗马以来的欧美体系、中国体系和印度体系。此外,不管世界上还有多少国家,不管这些国家的文化水平多么高,谈到文艺理论的独立体系,它们却是没有的。这是事实。可惜这个事实,过去似乎还没有人提过,现在提出了人们也不见得都承认,遂使欧美体系垄断一切,好像一谈文艺理论,就只此一家,别无分号。欧美学者心安理得,别的国家也多盲从,真理隐而不彰,学术探讨受到阻碍,岂不大可惜哉。"①

不难看到,季羡林的文学理论、美学理论和东方文学研究,与他的东方文化的整体世界观和方法论相关。我认为,季羡林的东方学的观念和赛义德的东方学理论也有内在的联系。在我看来,东方主义概念的宽泛性,使得对这一概念的解释充满误读。误读者有以下几种:有持第一世界(西方)立场,制造"看"东方或使东方"被看"的话语权力操作者;有第三世界的民族主义者,强烈的民族情绪使其日益强化东西方文化冲突论,并以此作为东方形象和东方作

① 季羡林:《外国文学研究应当有中国特色》,见王岳川编《季羡林学术精粹》第四卷,山东友谊出版社 2006 年版,第 12—13 页。

为西方的“他者”而存在的理由；有既是第一世界文化圈中的白领或教授，却又具有第三世界血统的“夹缝人”“香蕉人”（外黄里白）。他们在东西冲突中颇感尴尬，面对西方经常处于一种失语与无根状态，但面对东方时又具有西方人的优越感。而赛义德所谓消除误读的“正读”，是要超越非此即彼的、二元对立的东西方文化冲突模式，强调那种东西方对垒的传统观念应该让位于新的你中有我、我中有你的“第三条道路”。这种超越传统“不是东风压倒西风，就是西风压倒东风”的僵化对立模式的新路，正是赛义德纠正东方主义权力话语的意图所在。他并不是要人们走极端搞一个“西方主义”（东方人虚构或解魅化的“西方”），正如德里达解构“中心”的目的不是要使某“边缘”成为新的中心，而是要取消中心达到多元并生一样，赛义德要消除的是形而上学的本质主义，并力求超越东西方对抗的基本立场，解构这种权力话语神话，从而使东方和西方成为对话、互渗、共生的新型关系构成。

现代以来，东西方文化所遭遇到空前的精神困境，表层是东方文化自身的命运问题，其实深层可以说是东西方文化危机的表征，即人的危机、情怀的危机和艺术的危机的集中体现。这种自现代主义文化以来的文化危机，不仅西方的思想家注意到了，东方的思想艺术家早就已经体察到了。如果我们回首近百年来人类文化历程，令人震慑的不仅是战争频仍、瘟疫漫延、人口膨胀、环境污染，而且也包括深达人类心灵的信仰危机。传统价值系统遭到虚无主义的浸渍，价值观念上真实与虚妄的冲突愈演愈烈。对真理、良善、正义的追求，在现代的语言游戏中逐渐消解，生命的意义和世界的意义终于消蚀在话语的操作过程中。这逼得我们更深一层地去探求人类文化遭遇到的困境，进而瞩目西方哲人对“精神不死鸟”从文明的废墟中再生的希冀。同时躬身自问，正在走向新世纪的华夏文明，究竟应有怎样的文化策略？

可以说，季羡林作为一位东方中国学者，在生命的最后十几年，面对这些人类不可忽略的重大问题，并尝试用东方文化的新境界对人类的危机加以回答。他不断阐述人类的新的普世价值和东方学最前沿的学术思想进行对话，他在青岛大学学报《东方论坛》2004 年第 5 期发表《东学西渐与“东化”》，强调不能只讲西化，不讲“东化”。“东化”应该是季羡林现实最早采用的。他认为，汉唐时是“东化”，因为当时中国是世界的经济中心、文化中心，而在明末清初以前确实有过东学西渐。因此，不能只重视“西学东渐”而忽视“东学西渐”。根据历史事实，在中西文化交流史上，“东学西渐”从来就没有中断过。中华文化的博大精深吸引了西方传教士、外籍华人、留学生、商人等的注意，并通过他们广泛传播到世界各地。这些观点具有重要的意义，达到了相当的思想高度和境界。

二、《罗摩衍那》《沙恭达罗》与翻译研究问题

在《〈罗摩衍那〉在中国》一文中，季羡林开篇指出中国学术界对印度这一伟大的史诗关注很不够。中印文化交流关系头绪万端，过去中外学者对此已有很多论述，但是，现在看来，还远远未能周详，还有很多空白点有待于填充。同时，在文学作品研究思想性和艺术性的方法论上，必须把艺术性摆在前面，因为文学作品或其他艺术产品之所以能成为为人所喜爱的作品，其原因首先在其艺术性。没有艺术性，思想性再高、再正确、再伟大，最多也只能成为宣传品，而不能成为艺术品。有一些根本没有思想性或者至少也是思想性模糊不清的作品，只要艺术性强，仍然会为人们所喜爱。进而，对文学研究中批判与继承的关系，应该对文学名著采取“立字当头，破在其中”，这并不是说，过去的什么东西都是好的，任何东西都逃脱不了时代的局限性。虽然破立必须结合，不能不结合，但我们今天的任务主要还是立，还是继承，而不仅仅是破，不仅仅是批判。

《罗摩衍那》作为印度两大史诗之一写成或纂成以来已有将近 2000 年的

>> 季羡林先生译《罗摩衍那》封面

历史了。它在印度、亚洲，以及世界其他地区的影响巨大而深入。至于对中国的影响，过去学者们多半强调《罗摩衍那》没有译成汉文，言外之意就是说，它对中国影响不大，至少对汉族影响不大。《罗摩衍那》的精校本虽然长达将近20000颂，但基干故事是比较简单的。十头罗刹王罗波那肆虐，欺凌神人。大神毗湿奴化身为四，下凡生为十车王的四个儿子。长后萨厘雅生子罗摩，小后吉迦伊生子婆罗多，另一后须弥多罗生子罗什曼那和设睹卢獾那。罗摩娶遮那竭王从垄沟里拣起来的女儿悉多为妻。十车王想立罗摩为太子。小后要挟他，放逐罗摩14年，立自己的儿子婆罗多为太子。罗摩、悉多和罗什曼那遵父命流放野林中。十车王死，婆罗多到林中来恳求罗摩回城即国王位，罗摩不肯。十头魔王劫走了悉多，把她劫到楞伽城。罗摩同猴王须羯哩婆联盟，率猴子和熊罴大军，围攻楞伽城。神猴哈奴曼立下了奇功。后来魔王被杀，罗摩同悉多团圆，流放期满，回国为王。[①] 简单地说，罗摩故事宣传思想在不同的人那里有不同的看法：印度教的《罗摩衍那》宣传的主要是道德伦常和一夫一妻制，而佛教的《十车王本生》则把宣传重点放在忠孝上；罗摩的故事传入中国以后，傣族利用它美化封建领主制，美化佛教；藏族利用对罗摩盛世的宣传来美化当地的统治者；汉族翻译的罗摩的故事，则强调伦理道德方的忠

① [印]蚁垤著，季羡林译：《罗摩衍那》，译林出版社2002年版，前言。

和孝。[1]

>> 季羡林先生译《沙恭达罗》封面

在介绍了《罗摩衍那》传入中国的情况和影响以后，季羡林表明这一研究的难度在于，对《罗摩衍那》传播史的深入研究介绍的范围包括八种语言：梵文、巴利文、汉文、傣文、藏文、蒙文、古和阗文和吐火罗文A（焉耆文）。内容从大的方面来看基本相同，但从细节来看又有相当的差别。很多学者认为，同古希腊比起来，中国人不大喜欢或欣赏悲剧。这意见有一定的道理。古代希腊文艺理论中的Katarsis（净化作用）对我们来说，了解起来比较困难。中国古代文学中真正的悲剧很少。罗摩故事在印度是一个悲剧，但到了中国却多被改成喜剧结尾，以适应中国人的心情和爱好，最突出的是插曲衔子故事。这本来是一个悲剧，但《六度集经》却让天老爷出马干预，使被射死的衔子复活。

季羡林还从文化比较和文学比较的角度，指出明代《清平山堂话本》卷三有一个话本叫《陈巡检梅岭失妻记》。有人认为这一篇话本受了印度影响，其中包括《罗摩衍那》。故事讲的是陈巡检带着妻子如春到广东去上任，来到了梅岭这个地方。梅岭之北，有一个申阳洞，洞中有妖怪，名叫白申公，是猢狲精。他弟兄三人：一个是通天大圣，一个是弥天大圣，一个是齐天大圣，另有一小妹名叫泗洲圣母。白申公施展妖术把如春劫至洞中。如春在

① 王岳川编：《学问人生——季羡林自述》，山东友谊出版社2006年版，第185页。

洞中保持贞操,后来被紫阳真君救出。从故事的梗概来看,一方面与《罗摩衍那》故事有某些类似之处;另一方面又与《西游记》有某些类似之处,这三者可能有渊源关系。这对于解决印度神猴哈奴曼与中国孙悟空之间的关系,解决孙悟空与巫支祁之间的关系,也提供了重要线索。可以说,《罗摩衍那》的主题思想也同《摩诃婆罗多》一样是鼓励正义的战争,正义一定能战胜强暴。其中也反映了人民对统一、对和平盛世的愿望。

印度另一伟大的史诗《沙恭达罗》作者是迦梨陀娑。他的抒情长诗《云使》不但在印度文学史上产生了深远的影响,而且几百年前就译成了藏文,传入中国。他的剧本《沙恭达罗》在国内外的影响更大,18 世纪末叶传入欧洲,轰动一时。德国大文学家歌德给了它很高的评价,在写《浮士德》的时候,还有意模仿它的结构。他的长篇叙事诗《罗怙世家》《鸠摩罗出世》一向被印度人民奉为文章典范,家喻户晓。

迦梨陀娑的《沙恭达罗》(全译应是《由于一种信物而重新找到沙恭达罗记》)取材于《摩诃婆罗多》和一些往世书,最可能的是《莲花往世书》。《摩诃婆罗多》中的故事情节比较简单,内容大体是这样的:国王豆扇陀到林中打猎,在一座净修林里遇到沙恭达罗。两人一见钟情,就结了婚。国王回城以后,却把沙恭达罗忘掉,几年不来接她。此时她已经生下一个儿子,名叫婆罗多。她于是带着孩子进城寻夫。国王翻脸不认,同她争辩。到了关键时刻,天上传下了声音,说孩子确实是国王的。国王收妻认子,来了个大团圆。迦梨陀娑借用了这个故事,没有作很大的改动。《沙恭达罗》情节大体如下:国王豆扇陀到林中行猎,瞥见净修林仙人的义女沙恭达罗。她原来是天女所生,国王一见倾心,私自同她结了婚。临别时国王递给她一个戒指作为信物。沙恭达罗思夫情切,失神落魄,怠慢了一位来到净修林的仙人。仙人大怒,发出诅咒。后经女友求情,仙人才允许国王见到信物后,夫妻方能相认。后来沙恭达罗携子进城寻夫，国王果然拒绝相认。她想拿出信物，却遍寻不见。原来中途遗失在河中。她呼天抢地，百口莫辩。一个天女闪出一道金光，把她接上天去。后来有渔夫捕到一条大鱼，在鱼腹中发现了那只戒指，送交国王。国王如梦方醒，回忆起沙恭达罗，终于在净修林里找到了失散的妻子和儿子，也是一个大团圆。在这里，迦梨陀娑没有增添新的情节，他只是把人物描绘得饱满生动，把情节刻画得细腻精致。于是成了千古名篇。

季羡林在对《沙恭达罗》进行分析时，自我检讨说，受到当时重视思想性忽视艺术性的文学研究之风的影响，过分强调思想性，甚至煞费苦心地在字里行间去搜求自己并不十分了解的"人民性"，有时候难免有捉襟见肘、牵强附会之嫌。在分析艺术性时，季羡林按照艺术作品分析的去做，仍然坚持注意分析迦梨陀娑的艺术风格和沙恭达罗的性格，把她同《罗摩衍那》中的悉多作了对比，并对这一出戏剧的结构形式作了细致的剖析。

进一步，季羡林详细研究了这部史诗的翻译历史：千年来，印度人民公认迦梨陀娑是梵文文学中最伟大的诗人。在印度人民群众和学者中流传着几句话："在所有的艺术形式中，戏剧最美。在所有的戏剧中，《沙恭达罗》最美。在《沙恭达罗》中第 4 幕最美。在第 4 幕中，有 4 首诗最美。"在亚洲许多国家，很早就有迦梨陀娑作品的译本，特别是《沙恭达罗》更是广受欢迎。在欧洲，1789 年，英国梵文学者威廉·琼斯把《沙恭达罗》译为英文。1791 年，乔治·福斯特又从英文译为德文。在欧洲文学界，特别是在德国，它立刻获得了今天难以想象的好评。德国诗人，像赫尔德、歌德和席勒等人都赞不绝口。歌德写过一首著名的诗来歌颂沙恭达罗，他的杰作《浮士德》中的《舞台序曲》就是受了《沙恭达罗》的影响才写上去的。席勒曾写信给洪堡说："在古代希腊竟没有一部诗能够在美妙的女性的温柔方面，或者在美妙的爱情方面与《沙恭达罗》相比于万一。”从歌德和席勒起，欧洲就有很多人企图上演《沙恭达罗》，歌德于1830年10月9日写信给法国的《沙恭达罗》梵文原本的校刊者舍济说：“当我第一次接触到这部深不可测的作品时，我内心里是这样地激动，这样地受到鼓舞，以至于我非读它不可，甚至还想做一件不可能做到的事情，想把它搬上德国舞台，哪怕是极粗略地搬上舞台。”以后还多次有人尝试在德国舞台上演出《沙恭达罗》。

值得注意的是，季羡林还对这部印度古典名剧《沙恭达罗》中的婆罗门形象进行了不同国家戏剧的横向比较研究。他认为丑角是剧中十分活跃的角色，中国戏剧发展的历史也可以看出丑角的重要性。王国维《宋元戏曲史》主张，中国戏曲之兴有两个来源，一个是巫觋，一个是俳优。前者用以乐神，以歌舞为主，以女为之；后者用以乐人，以调谑为主，以男为之。古之优人，多以侏儒为之，可见这种人是以逗乐为主的。《史记》有专门一章《滑稽列传》，由此可见这种人物之重要性。《宋元戏曲史》中多次提到滑稽戏，戏中当然免不了有丑角，可见丑角在中国戏剧史上是源远流长的。

这两部大史诗不但在印度本土产生了极大的影响，一直到今天仍然是文艺创作的源泉，还影响了印度许多邻国的文艺创作。在东南亚许多国家，像缅甸、泰国、印度尼西亚等等，古代的文艺也深受这两部史诗的影响。季羡林认为，中国古代没有这两部史诗的译本，但是其中的一些故事却早已随着来往商旅的口传和佛经的翻译传入中国，在民间流传起来。解放前，虽然出了几个迦梨陀娑《沙恭达罗》的译本，但是都是从英文和法文转译过来的，没有一本是从梵文里直接译的。解放后，我们不但有了直接从梵文里译出来的《沙恭达罗》和《云使》，而且有了戒日王的《龙喜记》和首陀罗迦的《小泥车》的汉文译本。从梵文原文直接翻译，就能更好地体会原著的精神，因而也就有助于译文质量的提高。

三、泰戈尔文学研究的东方学意义

东西方文化交流是重要的，而东方文化内部如印度与中国的交流互补、价值认同，同样是重要的。不同文化之间的交流具有相当的复杂性。东方文化之间有相似之处也有差异之处。就不同民族趋同性而言，来自共同的心理素质，就一个文化体系内的若干民族来说，来自各个民族的共同的心理素质，再加上民族之间的相互影响。东方三大文化体系之间的共同之处，在过去表现得不十分鲜明。每一个民族的文化经常不断地变动和发展，经常不断地接受外来的影响，即所谓文化交流。在东方三大文化体系之间，交流活动是经常的。每一个文化体系都是既接受，又给予，从而丰富了自己，增

>>1948 年泰戈尔绘画展留影

添了发展活力。文化交流是推动世界文化发展的一个基本动力。哪一个文化体系也不可能是封闭式的。封闭式的文化是没有发展前途的。因此,季羡林认为:印度文艺理论同中国一样,也是源远流长的,内容也是异常的丰富,它既不同于欧洲传统,也不同于中国,可以在世界上成为一个独立的体系。但从全世界范围来看,印度文艺理论还没有得到应有的地位,研究的人还不够多。印度文艺理论也有一套自己的术语,同中国的术语一样,不大容易捉摸。要想用梵文以外的语言来说清楚,也还要进行一番比较研究。

不难看到,中国近现代对外国文学的研究,偏重西方文学,而忽略了东方文学,这与时代风气密切相关。西方讲欧洲中心主义,中国人也在有意与无意之间讲欧洲中心主义。这个现象并不奇怪。一直到今天,社会上某一些人的崇洋媚外思想,“崇”的多半是西方,“媚”的也多半是西方。我们对日本文学研究和对日本文学作品介绍翻译得也比较多,其次是印度文学,其他东方国家的文学则受到了冷落,有的人甚至于不屑一顾,认为东方文学水平差,不能与欧美文学比肩。这大半是一种偏见,我们应该摒弃之。在印度文学中,声名最显赫、介绍得最多的是泰戈尔。正是基于对以上一些偏见的矫正,季羡林对泰戈尔的研究倾注了很大的热情,尽管对泰戈尔的研究不是季羡林研究的主要方向,但是他认为这位重要的印度诗人、作家对中国当代文化具有重要的文化对话意义。泰戈尔的一生,表现在创作方面的既有菩萨慈眉,也有金刚怒目。有一条红线贯穿在这两个方面,一条爱国主义的红线,一条国际主义的红线,一条反对封建压迫的红线,一条反对殖民主义和反对法西斯的红线。从他的作品的思想内容来看,称他为伟大的作家,他是当之无愧的。

季羡林分成几个方面讨论泰戈尔,认为在小说艺术技巧方面,在长篇小说拓展方面,在对中国的友好态度方面,都有全新的突破和价值:

其一,诗歌和小说创作技巧方面达到很高的水平。

季羡林认为:泰戈尔作品的艺术特色,分别体现在其诗歌创作和小说创作中。在诗歌方面,印度古典文学和孟加拉民间诗人的抒情歌曲,都对泰戈尔产生了影响。但是值得注意的是,泰戈尔对古典梵文文学,除了两大史诗和《沙恭达罗》以外,评价并不高,认为梵文文学过分矫揉造作。他说:“我觉得,迦梨陀娑对喜马拉雅山的描绘不好,太雕琢了。我奇怪,这个伟大诗人怎么能写出那样的东西,而文学爱好者为什么那样欣赏。整个梵文文学是矫揉造作的、夹缠拖累的、苦心雕琢的诗篇——《沙恭达罗》除外,在梵文文学中找点真正好东西,很难。”泰戈尔赞成不押韵、不雕琢的所谓自由诗。泰戈尔还认为:“标出诗的格律没有用处——为了领会一首诗之美用不着从学究那里去学习什么。有一件事情我注意到了,不懂世故的心灵能抓住诗歌

>> 1979 年季羡林先生访问印度

的可爱之处,那些分析诗歌的人们决不会办得到的。他们已经失掉了心灵这种本质,或者从来就没有过。问题是,诗歌必须以同情与感觉才能接近。”这里讲的显然也就是散文诗或自由诗。诗人对黛维夫人说:“你看,我仍然忙这首诗,一首散文诗往往就像这样——因为它没有固定的模子,人们必须改了又改,必须考虑为什么,哪一个字合适或不合适。如果这是一首有韵的诗的话,难道我还能在上面花上三天时间吗?”可见无韵诗比有韵诗更难写。诗人惨淡经营的正是这样的自由诗。但是,自由诗不是印度的传统文学表达方式。因此,在诗歌创作方面,诗人泰戈尔主要接受的是西方的影响。

季羡林认为,印度古代几乎没有小说创作的传统,泰戈尔在这方面受的影响几乎全是西方的。梵文著作《十王子传》,据说是一部长篇小说,实则不然。它实际上是一部短篇故事的集合体,有点像中国用骈体文写的小说。泰戈尔的几部长篇小说,形式和技巧完全是西方的,除了内容以外,一点印度色彩也没有。在印度古代,有类似短篇小说的东西,比如《故事海》所搜集的故事就是。但是这些故事同西方近代的短篇小说比起来,有很大的差异。泰戈尔的短篇小说毋宁说更接近西方,虽然泰戈尔有创新的独特风格,具体表现在以下几方面:(1)结构比较单纯:在泰戈尔的许多短篇小说里,故事情节的开展,简单明了,舒卷自如,浑然天成。没有多少动人的情节,更少惊人之笔。泰戈尔匠心独运,但却丝毫也没有惨淡经营的痕迹。(2)使用形象化的语言:在早期的小说里,泰戈尔的文笔几乎都是平铺直叙的,没有多少雕饰。但是在简单淳朴的句子中忽然会出现几句风格迥异、非常形象化的句子,仿佛是异军突起,令人耳目为之一新。比如在《太阳和乌云》里有这样的句子:“生活中的大事情抬起它们有力的头颅的时候,小事情也坚决地伸出它们饥饿的根须,要求在世事中占一个地位。”泰戈尔是用写诗的手法来写小说。(3)使用比拟的手法:这一点同第二个特点有点类似,但不完全相同。

在《姊姊》里，我们读到："这种她以前所未曾意识到的爱，忽然以轻柔的乐声惊醒了她。她仿佛溯溪而上，遨游了一大段路，两岸到处都是金碧辉煌的楼阁和郁郁苍苍的丛林；但是在已经幻灭了的幸福的希望中间，她找不到一个立足之处。"这样的小说是诗人的小说。(4)情景交融的描绘：泰戈尔描绘风景，从来不烦琐累赘，只是寥寥几笔，就能画出一幅鲜明的图画。主人公的心情也往往同大自然的风景融合在一起。(5)抒情的笔调：泰戈尔的短篇小说故事情节往往非常简单，但是却洋溢着抒情的气氛，简直像是一首首的抒情诗。[①] 季羡林认为，在世界短篇小说的大林中，泰戈尔的短篇小说由于其独特的风格和抒情的手法像一朵奇卉异花，很值得注意和学习。但是可惜的是，这还没有引起应有的重视，还有待于我们探索研究。

其二，在泰戈尔在世界上的影响上，是东方文学在世界上的重要代表人物。

季羡林认为：印度文学对于世界文学有着悠久而深远的影响。首先是印度古代文学，比如四吠陀、两大史诗、迦梨陀娑，以及民间文学如《五卷书》之类。在近代和现代文学史上，谈到对世界文学的影响，哪一个作家也比不上泰戈尔，他是东方国家在近代和现代第一个在世界上产生了极大影响的作家。他除了有相当优异的文学创作以外，还擅长音乐，精通绘画，能唱歌，演喜剧。其文学作品数量十分惊人。根据不完全的统计，他总共写了两打剧本、八部长篇小说、八部以上的短篇小说集、两千多首诗歌，自己还写了曲谱；此外还有大量的有关文学、哲学、政治、教育、宗教和社会问题的文章和书籍，还有散文、通讯和日记。他不愧是古今东西方最多产的作家之一。他的作品被译成了许多种文字，受到印度人民和世界人民的欢迎。据《家庭中

---

① 季羡林：《泰尔戈》，见王岳川编《季羡林学术精粹》第四卷，山东友谊出版社 2006 年版，第 106 页。

的泰戈尔》的记载,诗人亲自对阿米亚巴布谈到他在丹麦受到的欢迎,他说:“我回忆到那次火炬游行狂欢了一整夜,可是,他们知道我是谁呢?他们对我了解得多么少呀……我能给他们的又是多么少呀。我的作品只有片断的译了过去——只是些片断——他们就是通过这些东西来了解我……这才多么一点点呀!可是,他们对我表示了多么真挚的尊敬。有时候,一想到怎么会有这种事,我简直吃惊。”诗人又讲到他在德国受到的尊敬。他说:“我记得,在巴伐利亚,在一家饭铺子里,在一间大厅里,当我走进时,每个人都站了起来,欢迎我。我真是无限吃惊。我是一个外国人——他们知道我是谁呢?我永远也不能理解,他们究竟看我是什么人。”尤其值得重视的是,泰戈尔的诗歌、小说等,在世界各国翻译本不计其数,研究者和追随者众多,对西方全球化时代展示东方文学风采,作出了有益的贡献和文化拓展。

那么,泰戈尔的作品反映了怎样的情怀和思想呢?首先,泰戈尔的作品反映了东方被压迫者和西方压迫者的问题。“泰戈尔在很多地方把东方和西方对立起来:东方是精神文明,而西方是物质文明;东方是人道的,而西方是科学的;东方的目的在生长,而西方的目的在获得,拼命争取力量,不尊重美与真;东方的基础是社会,国家可以灭亡,社会仍会存在,而西方的基础是国家,国家就是一切,所有问题都由国家来解决;东方是集体享受,个人工作,而西方是个人享受,集体工作;东方异中求同,在错综复杂中建立协调,而西方只讲行动,讲速度,不讲和谐、协调和韵律,等等。东方和西方应该互相补充:东方有停滞的危险,应该用西方的行动来加以鼓舞;西方横冲直撞,有毁灭的危险,应该用东方宁静的智慧来加以稳定。”①季羡林认为:泰戈尔

① 季羡林:《泰戈尔与中国》,见王岳川编《季羡林学术精粹》第四卷,山东友谊出版社2006年版,第124页。

这样把东方与西方对立,难道只有哲学上的意义吗?虽然他的家庭是在英国统治下发了财的,而他自己也受过英国教育,但是他热爱祖国,希望它获得独立与自由,却是至死不渝的。东方其他国家,也同他的祖国一样,是被压迫者,“同是天涯沦落人”,他对这些国家(中国自然也包括在里面)特别关怀,也就是很自然的事情了。因此可以说,他把东方与西方对立,首先有感情上的基础,然后才扩大到政治上、哲学上去的。在许多文章里,他一再殷切希望,东方国家能够站立起来。季羡林认为,泰戈尔在世界上的影响决不仅仅由于文学成就,而是由于更高更深的根源。他实际上已经成了东方被压迫人民的象征,是他们发出自己声音的代表人物。

第三,对泰戈尔文学创作充满爱国主义情怀,季羡林深为认同,大加赞赏。

季羡林认为,一个民族的文化发展约略可以分为三个步骤:第一,以本民族的共同的心理素质为基础,根据逐渐形成的文化特点,独立发展。第二,接受外来的影响,在一个大的文化体系内进行文化交流;大的文化体系以外的影响有时也会渗入。第三,形成一个以本民族的文化为基础、外来文化为补充的文化混合体或者汇合体。这三个步骤只是大体上如此,也决不是毕其功于一役。这种发展是错综复杂的、犬牙交错的,而且发展也决不会永远停止在某一个阶段,而是继续向前进行的,永远如此。季羡林指出,中国加入世界文学行列,自五四运动前夕鲁迅的《狂人日记》始。从那以后,介绍外国文学之风大煽。最初介绍最多的莫过于印度的泰戈尔。“泰戈尔既是一个伟大的文学家,又是一个伟大的哲学家。他融哲理于文学创作之中,形成了自己独特的风格。他虽然生长在一个富于幻想的民族中,他的文学创作也继承了这个传统,但他并没有把自己关在一个象牙之塔中,而是关心国内外大事,是一个真诚的爱国主义者和国际主义者。他毕生同情中国,当日寇侵华时，他拍案而起，写出了义愤填膺的诗篇，鞭挞日本军国主义分子。他同情弱小者，歌唱世界大同。"[①]泰戈尔在性格和作品中都表现出来了一种双重性。他能退隐田园，在大自然里冥想，写出那些爱自然、爱人类、爱星空、爱月夜的只为给人一点美感的诗歌。但是他也能在群众大会上激昂慷慨地挥泪陈辞，朗诵自己像火焰一般的爱国诗歌；当他看到法西斯、军国主义以及其他魑魅魍魉横行霸道的时候，他也能横眉怒目、拍案而起，写出刀剑一般尖锐的诗句和文章。但是中国一些人却竭力宣扬泰戈尔那光风霁月的一面。"翻译作品也只选择《新月集》《飞鸟集》《园丁集》《春之循环》《吉檀迦利》等等，好像诗人一生只写了一些这样的作品，其他密切联系实际的作品根本不存在；好像诗人终生与春花秋月为伍，远远脱离现实，遨游在虹之国、白云之国里"[②]。泰戈尔看到了日本民族主义中的危险性。在1916年，当他初次访问日本的时候，他就在那里"看到一个赤裸裸的完全把丑恶暴露无遗的'国家'，这种国家精神是我们东方人从西方学来的"。他曾对上海的日侨说过："当我到你们国家去的时候，我也遇到那个变了质的近代的日本，学习了西方的作风。我也看到那个政治的日本，一心一意想得到好处，扩张政治势力——严峻、排外、多疑、缺少人味。"[③]他认为日本狂妄骄纵，目空一切，把自己看成是什么天照大神的后裔，注定要统治世界，这一切都孕育着国家主义和军国主义的战争危机。

事实上，泰戈尔亲身经历了英国殖民主义残酷统治。在殖民主义者的统治下，泰戈尔自幼培养出了极其真挚的爱国主义热情，他为印度的独立贡

---

① 季羡林：《〈菩萨与金刚〉——泰戈尔散文之我见》。

② 季羡林：《泰戈尔与中国》，见王岳川编《季羡林学术精粹》第四卷，山东友谊出版社2006年版，第130页。

③ 季羡林：《泰戈尔与中国》，见王岳川编《季羡林学术精粹》第四卷，山东友谊出版社2006年版，第134页。

>>2000 年印度总统访问北大，季羡林先生、许智宏校长迎接

献出了自己的全部力量。他与圣雄甘地可以称为“双峰并峙”，因此受到了全国人民的爱戴。他对中国人民反抗日本军国主义者的同情，对侵略者的无情的鞭挞，充分体现了爱国主义和人类和平主义精神。季羡林写道：“我仍然突出了他的爱国行动，以及他的国际主义精神。”1916 年，他到了日本，从那里转赴美国。他对美国的种族歧视深恶痛绝。他以“国家主义”为题，做了一些报告。他对美国一向没有好感，几次访美，都不欢而散。1919 年，发生了有名的“阿姆利则惨案”，他拍案而起，写了一封义正词严的信给英国总督，声明放弃英国国王赐给他的“爵士”称号。1924 年，他访问中国，对中国文化大加赞赏，歌颂中印友谊，并预言中国的复兴。1930 年，他访问了苏

联，极有好感。1939年，他著文怒斥希特勒。1941年，他临终时还念念不忘中国的抗日战争。综观泰戈尔一生，主持正义，痛斥邪恶，不愧是一个完人。他是一个天才作家，一个多产作家。他用孟加拉文和英文写了大量的诗歌、短篇小说、长篇小说、戏剧、杂文等等，世界各国几乎都有译本，中国已经翻译了泰戈尔的全集。我还特别分析了他的艺术特色，并以短篇小说为例，细致地加以分析。他的诗歌创作曾在20世纪20年代后半期深刻地影响了中国新诗的创作。①

第四，泰戈尔对中国文化的评价，值得我们重视和反省。

季羡林归纳泰戈尔的评价约有下列诸端：一、中国艺术家看到了事物的灵魂。在《人格》那一部书里，他写道："东方艺术的伟大与瑰丽，特别是日本和中国，就在于，在那里艺术家看到了事物的灵魂，而且他们相信它。西方可能相信人的灵魂，但它并不真正相信宇宙有一个灵魂。"二、中国的文明有耐久的合乎人情的特性："它（古老的文明）那耐久的合乎人情的特性，对所有的属于它的事物都产生了生气勃勃的影响。如果这一个文明不是这样突出地合乎人情，不是这样充满了精神的生命，它决不会延续这样久。"三、中国文学以及其他表现形式充满了好客的精神。四、中国人不是个人利己主义者："在中国，你们不是个人利己主义者。你们的社会本身就是你们公有灵魂的创造品。"五、中国人不看重黩武主义的残暴力量。六、中国人坚决执着地爱这个世界："你们抱着坚决执着的态度爱这个世界，爱你们周围物质的东西，这是真的；但你们并不把自己的占有物用排斥垄断的围墙包围起来。"七、中国人爱生活。"爱碰到什么东西上，它就赋予什么东西以美丽。"八、中国人爱物质的东西，而又不执着于它们。九、

① 王岳川编：《学问人生——季羡林自述》，山东友谊出版社2006年版，第194页。

事物是怎样，中国人就怎样接受。十、中国人本能地把握住了事物韵律的秘密："他们本能地把握住了事物韵律的秘密——不是自然科学中的能力的秘密，而是表现的秘密。这是一种伟大的天赋，因为只有上帝才懂得这种秘密。我嫉妒他们有这种天赋，我希望我们的人民能够分一点来。"①

① 季羡林：《泰戈尔与中国》，见王岳川编《季羡林学术精粹》第四卷，山东友谊出版社2006年版，第125—126页。

第三章　比较文学与比较诗学

一般而言，比较文学是一门从不同国家的角度研究不同民族、国家之间的文学艺术和诗学美学之间关系的文学学科，作为一门学科大致兴起于19世纪下半叶。"比较文学"一词最早出现于J. F. M. 诺埃尔和拉普拉斯的《比较文学教程》(1816)。1899年，美国哥伦比亚大学首先成立了比较文学系。1903年法国学者弗雷德里克·洛里哀在他的《比较文学史》一书中收集和总结了比较文学的研究成果。20世纪70年代，东方的中国、印度、阿拉伯的传统文学体系，越来越引起比较文学研究者的兴趣和重视，已成为世界比较文学研究的重要对象和美学话语。

一、中国比较文学学派的开拓与建立

季羡林是中国比较文学的开拓者。在清华读书期间，他受到比较文学先驱者吴宓教授的影响和熏陶，后来对比较文学多有建树，且独树一帜。早年翻译介绍不同国家的文学和作品并进行文学比较，是为筚路蓝缕的开山之作。他坚持认为，应从文化交流的角度来谈比较文学，认为比较文学是文化交流的一种形式。季羡林先生注重文化交流，主张没有文化交流，就没有人类文化史，文化交流是人类文化发展的动力。他既反对西方中心论，也反对东方中心论，认为文化交流是经常的、正常的现象，国家无论大小，历史无论长短，尽管深度和广度有所不同，每一个国家都对人类文化做出了自己的贡献，每一个国家都需要一方面接受别国文化，一方面又把自己的文化送出去，从而既丰富了自己的文化，也丰富了人类共同的文化宝库。[①]

比较文学研究，最早是从19世纪20—30年代，由一位德国学者开始的。他研究一本阿拉伯文的书叫《卡里来和笛木乃》。这是一本寓言童话集，源自印度的《五卷书》。开始《五卷书》是翻成波斯的巴列维语的，然后再翻译成阿拉伯文，书名叫《卡里来和笛木乃》，以后转译成多种文字，流行于全世界。据统计其译本之多，可以同《圣经》相比。该书影响欧洲文学的创作，如《格林童话集》中的故事就有取材于该书的。德国人因此说比较文学是德国人先开始搞的（法国人不承认，说在19世纪30年代法国已有某大学开比较

---

① 季羡林：《当前中国比较文学的七个问题》，见王岳川编《季羡林学术精粹》第四卷，山东友谊出版社2006年版，第38—46页。

文学课。①

比较文学大致因为其文学比较定义的不同而形成三个流派——法国学派、美国学派、苏联学派。法国比较文学家 J－M. 伽利认为:“它研究国际的精神联系,研究不同文学的作家之间在作品、灵感、甚至生活方面的事实联系。”美国比较文学家雷马克则指出:“比较文学是超出一国范围之外的文学研究,并且研究文学与其他知识和信仰领域之间的关系,包括艺术(如绘画、雕刻、建筑、音乐)、哲学 、历史、社会科学(如政治、经济、社会学)、自然科学、宗教等等。”前苏联维克托·日尔蒙斯基认为:“它研究国际文学的联系和关系以及各国文学现象之间的相似和区别。文学现象的相似,一方面,可能是由于各国人民社会文化发展的相似;另一方面,可能是由于各国人民之间有着文化和文学的接触,”三个学派说,造成了中国学派的缺席,这是中国学者努力弥补和纠偏的一个重要的学术领域。

在我看来,比较文学主要有两大方法论原则:一是法国学派主张的“影响研究”,注重两国作家或作品之间的历史沿革关系,研究对象往往来自同一文化渊源,有历史及地理的证据可寻,有直接关系的各国文学作品才能作比较研究。比较文学研究的目的,是在于刻画出经过路线并说明不同民族文学间的相互假借和影响,探讨各民族文学中题材、思想、人物等的渊源及其演变过程,研究各民族文学相互影响的途径和手段。因此,影响研究是实证的,有科学根据的。二是美国学派主张的“平行研究”,认为比较文学应该关注没有任何关联的作品的平行的类同比较,用价值关系去取代事实关系,它应该着重考察的主要不是外部关系,而是内部关系。换言之,“平行研究”

① 季羡林:《文学交流的必然性和复杂性》,见王岳川编《季羡林学术精粹》第一卷,山东友谊出版社 2006 年版,第 9 页。

主要研究那些相互间没有直接关联的两种以上的民族文学在作品内容、形式、或作家的创作手法上可以相互比较的文学现象。

>> 季羡林先生与博士生王邦维

对比较文学"中国学派"的建立，季羡林认为，如果没有中国文学参加，所谓比较文学就是不完整的比较文学。至于中国学派要具有两个特点：第一，以"我"为主，以中国为主，决定对外国文学的"拿来"或者扬弃，不是为比较而比较。第二，把东方文学，特别是中国文学，纳入比较的轨道，以纠正过去那一种欧洲中心主义。我们之所以这样主张，绝非出于什么狭隘的民族主义，而是因为，只有这样才真正能总结出比较文学发展的规律，有利于世界比较文学的发展。季羡林先生提出，从国际上说，比较文学已有法国学派、美国学派、苏联学派等学派，其中法国学派着重研究直接影响，美国学派着重研究平行发展，是影响最大的两个学派。但季先生认为，这两个学派都有弊病，专研究直接影响者，失之太狭，专研究平行发展者，失之太泛，且两派都轻视东方文学，他们的比较都是限于在同一文化体系内进行，这是近亲比较，比来比去，比不出什么名堂，因此两派都失之闭塞。

季羡林在《比较文学之我见》这篇短文谈了对所谓"比较文学危机"的看法。其一，有人把比较文学看得太容易，没有注意到比较文学学科的复杂性和研究的前沿性。他引证陈寅恪一段话："盖此种比较研究方法，必须具有历史演变及系统异同之观念。否则古今中外，人天龙鬼，无一不可以相与比较。荷马可比屈原,孔子可比歌德,穿凿附会,怪诞百出,莫可追诘,更无所谓研究之可言矣。”因此,季羡林要划归比较文学的范围。他不太赞成A国的B同C国的D比较。其二,比较文学也应有个范围,不管是影响研究,还是平行研究,都有主要要解决的矛盾。一国的某一个作家同另一国的某一个作家比较,不是不可以。但是这种题目似易而实难。拿到这样一个题目,总能写成一篇文章的。什么人民性,什么艺术性,什么阶级局限性等等,新旧八股一搅拌,就能出一篇文章,看上去还头头是道。但是搔不着痒处,写了等于不写。能不能给比较文学划一个明确的界限、明确的范围,使之真正能成为一门独立的学科。其三,比较文学的目的究竟是什么?比较文学的研究想通过比较找出一些规律性的东西,“但是找出了规律性的东西,问题就结束了吗?目的就达到了吗?这一些规律性的东西必须有点用处,为规律而规律也不见得是正确的。通过比较而得出来的规律可能有很多用处,比如有同志讲,在印度,人们想通过印度国内各种语言文学的比较而达到写一部完整的印度文学史的目的。写一部完整的中国文学史(不仅仅是汉文文学史,而是包括全国各族文学的文学史),是不是也必须进行一些民族文学间的比较研究呢?关于一国之内各种语言文学的比较,算不算比较文学?”

大体上可看到,季羡林赞同具有考证性质的“影响研究”,不太赞成具有“义理之学”的“平行研究”。他举例说明:法国比较语言学家常用的一个字,法文是“Sécurite”,英文是“Securty”,意为“安全”“安全感”“安全的”。法国比较文学家用此字的意思是:搞平行研究不那么安全,你可以胡扯。搞影响研究安全,事实俱在。《卡里来和笛木乃》的故事很简单,它由一国传到另一国,由一种文字译成另一种文字,看得见,摸得着,一点也不玄乎。但问题是,从一个民族传到另一个民族,从一个国家传到另一个国家,到了那地方必然有所改变。研究比较文学，研究文化是不是可以有两个层次。第一个层次讲事实。先把事实讲出来，如一个故事从印度经波斯、阿拉伯传到其他国家，把这个过程搞清楚。但作为研究，不能就此止步。第二个层次便是要研究一个故事或一个形象。如猴子，到了这个国家后有什么变化，变化有何规律，根据事实找出规律性的东西来。没有事实空讲平行，那不着边际。罗列事实也不行。要研究从一国到另一国有何改变，改变里有何规律，摸出规律，总结成理论。这样的理论就可靠，没有事实作根据的理论很玄乎。①

但是，后期季羡林调整了学术视野，开始进行比较美学比较诗学的研究。在比较文学的研究不断深入和不断发展进程中，研究者们将目光投向了不同文化背景的文学理论（诗学）去寻找东西方文学发展的基本规律、艺术本质、审美特性，从而迫切地感到仅仅局限于比较文学中"影响"研究是远远不够的，而必须面对文学性问题，即文学艺术的本质这个美学中心问题。在我看来，比较诗学，就是对不同国家和民族的诗学（文艺理论）进行比较研究。这是一种深深潜入不同文化中，去探幽索微，发现东西各自特殊的审美风貌和理论思维性格的艰苦探索，对各国文艺理论进行实事求是的清理、分析、比较异同。一般地说，比较诗学着重于中西诗学范畴、特质的比较，以及中西诗学思想体系和理论形态的差异的比较。比较诗学的研究的领域还在进一步扩大，美国学者库勒在《符号的追寻》中认为，必须沟通自然科学与社会科学、心理学、哲学、语言学等学科，并强调文艺理论（诗学）与其他学科的比较研究是目前比较文学向纵深发展的关键所在。因此，可以说，诗学（文艺理论）与社会学、诗学与心理学、诗学与哲学、诗学与语言学的关系的比较

---

① 季羡林：《文化交流的必然性和复杂性》，见王岳川编《季羡林学术精粹》第一卷，山东友谊出版社2006年版，第10页。

和探索,以及文学与其他艺术形式的交相阐发是急待开展的重要课题。这样,比较诗学的边缘界限就与比较美学交融、渗透、重合起来,以至于有的研究者认为总体文学研究即比较美学(美国雷马克),或广义的比较诗学也就是比较美学。

季羡林从比较文学研究进一步延伸到世界文学问题的探讨。认为世界文学是我们非常熟悉的一个名词,但是什么是世界文学好像并不清楚。1827 年 1 月 31 日,歌德同爱克曼谈到了中国:"中国人在思想、行为和情感方面几乎和我们一样,使我们很快就感到他们是我们的同类人,只是在他们那里一切都比我们这里更明朗,更纯洁,也更合乎道德。在他们那里,一切都是可以理解的,平易近人的,没有强烈的情欲和飞腾动荡的诗兴,因此和我写的《赫尔曼与窦绿台》以及英国理查生写的小说有很多类似的地方。他们还有一个特点,人和大自然是生活在一起的。"最后歌德说:"民族文学在现代算不了很大的一回事,世界文学的时代已快来临了。现在每个人都应该出力促使它早日来临。不过我们一方面这样重视外国文学,另一方面也不应拘守某一种特殊的文学,奉它为模范。我们不应该认为中国人或塞尔维亚人、卡尔德隆或尼伯龙根就可以作为模范。如果需要模范,我们就要经常回到古希腊人那里去找:他们的作品所描绘的总是美好的人。对其他一切文学我们都应只用历史眼光去看。碰到好的作品,只要它还有可取之处,就把它吸收过来。"

季羡林认为,歌德并没有给"世界文学"下定义。从比较文学的角度来看,世界各国文学越古则其特性也越突出,试想中国的《诗经》和古希腊史诗或印度史诗有多少共同之处呢?影响更难说。时代愈向前进,文化交流,其中包括文学交流,愈来愈频繁,相互影响愈来愈多。这是很自然的事情。到了统一的世界市场形成以后,各国文学就逐渐一元化,于是就形成了世界文学。我觉得，这个一元化主要表现在形式方面。内容方面则各国文学仍然或多或少地保留其民族特点。试以中国为例，近代中国文学受外来的影响，笼统地说，可以说自林译小说开始，量大，影响大。但在形式方面，没有多少新东西，基本上仍然是旧的那一套。形式方面受影响，应该自五四运动算起，鲁迅的《狂人日记》是著名的例子。从形式上来看，它既非唐代传奇，也非《聊斋志异》，而是西方的文学样式（包括沙俄在内）。但在内容方面则全是中国的。长篇小说应该从茅盾、巴金算起。诗歌应该从胡适等算起。戏剧应该从郭沫若、田汉算起。中国进入世界文学，应该从此时算起。这些东西从形式上来看同欧洲文学没有区别。不但中国如此，其他国家如日本、印度等莫不皆然，只是进入的时间有先有后，这真可以算是世界文学了。"踏破铁鞋无觅处，得来全不费工夫"，在不知不觉中，我们都进入了世界文学的行列。但是从形式上来看，这个世界文学是欧洲资本主义国家垄断的，我们现在实际上已经处在世界文学之中，用不着再"走向"了。问题只是，我们在世界文学中占什么样的地位。"总之，所谓世界文学，内容是民族的，形式是世界的，总是先有民族的，然后才是世界的。只要国家民族还存在，就决不会有一个超出一切国家民族高悬在空中的空洞的世界文学。"

中国民族文学的比较问题，是季羡林关注的比较文学中的国内文学比较的问题。西方一些比较文学的学者提出：在一个国家之中不能进行比较文学的研究。季羡林认为这种说法禁锢了研究者的心灵，必须推翻。一些欧美学者知道的"世界"只有欧美，因为在那里很少有多民族的国家，一国之中只有一种主要语言，要进行比较文学研究必须跨越国家。但是像中国、印度这样的国家，国内民族林立，形成了一个统一的大国。在这样的国家中，民族文学之间的差别不下于欧洲国与国之间的文学。因此，在中国和印度，民族文学之间是可以而且应该进行比较研究的。可以说，季羡林先生开创性地提出国内不同民族文学之间的研究也是比较文学研究的范围，的确具有相当重要的理论和实践意义。

二、比较文学与翻译的文化关切

季羡林精通多门外语，熟练运用多门外语进行翻译工作，贡献颇多。这源于他对中国文化史上翻译情况的深刻体认：中国是最早的有翻译的国家，在先秦典籍中，已有翻译的记载。自从汉代印度佛教传入中国以后，中印高僧以及其他一些中亚民族的高僧中从事译经工作者，代不乏人。明末欧风东渐，又掀起了一股将西方语言译为汉文的高潮。此外，还有古今少数民族，如藏、蒙、回鹘等等，也都翻译了大量的佛典。到了近代和现当代，翻译的范围日益扩大，翻译的功能日益显著。在某一些方面，已经到了没有翻译就无法过日子的程度。正是这种对翻译工作的深度认识，季羡林先生深刻地掌握了多门外语，长期以来，孜孜以求地翻译东西方名著，为中国文化的重建做了重要的奠基工作。大致上说，他从20世纪50年代开始翻译西方文学作品，其中有德国1929年度诺贝尔文学奖得主托马斯·曼的短篇小说，翻译最多的是英国安娜·西格斯的短篇小说集。1957年翻译了印度古典梵文名著《沙恭达罗》《优哩婆湿》《五卷书》《十王子传》（选译）。1973年开始翻译印度两大史诗之一的《罗摩衍那》，到1978年共5年时间译完这部巨著。1980年出版第一卷，立即引起学术界重大反响，全书出齐后，获第一届国家图书奖。

季羡林注意到，在中国学者群中，将文献与考古相结合多数学者是做到了。但是，中外结合这一点则做得很不够。因而他强调从事比较文学研究，学者必须中西兼通，中外结合，地上文献与地下考古资料相结合。“中国学者,包括专治中国国学的在内,对外国的研究动向和研究成果,决不能视若无睹。那样不利于我们自己学问的进步,也不利于国与国之间的学术文化交流。可是,令人十分遗憾的是,国内学术界确有昧于国外学术界情况的现象。年老的不必说,甚至连一些中年或青年学者,也有这种现象。我觉得,这种情况必须尽快改变。否则,有人慨叹中国一些学科在国际上没有声音,这不能怪别人,只能怪自己。说汉语的人虽然数目极大,可惜外国人不懂。我们的汉语还没有达到今天英语的水平。你无论怎样'振大汉之天声',人家只是瞠目摇头。在许多国际学术讨论会上,出席的一些中国学者往往由于不通外语,首先在大会上不能自己用外语宣读论文,其次在会议间歇时或联欢会上,孑然孤立,窘态可掬。因此,我希望我们年轻的学者,不管你是哪

>>1988 年季羡林先生在书房

一门、哪一科，尽快掌握外语。只有这样，中国的声音才能传向全球。”

季羡林强调，在比较文学研究中，中国学者需要精通外语同时要对汉语文化深入掌握，才能成为双语精英。他认为，在 20 世纪的一百年中，学术界以及学术界以外一些人士，对待外语的态度有天翻地覆的转变。学习外语的目的和方针是需要和有用。拿这两个标准来衡量，我们今天学习外语首当其冲的就是英语。而近百年来我们的实践过程正是自觉或不自觉地遵守了这个方针。五四运动前，英语已颇为流行。我们通过英语学习了大量的西方知识，连德、法、俄、意等国的著作，也往往是通过英语的媒介翻译成了汉文的。五四运动以后，有些地方从小学起就开始学英文，初中和高中都有英文课。总的发展趋势是由世纪初的漠然懵然进到了世纪末的肃然狂然。时至今日，不但大中小学都有了英文教学，连给店铺起名，给商品命名，给新生婴儿起名字，都非带点洋味不行。因此，学好外语是克服翻译危机的唯一办法。

一个人掌握一种外语，已极不易，遑论多种！但是，居今之世，国与国之间必须打交道，打交道就必须靠翻译。可以断言，从古至今，从实践到理论，中国都可以算是世界翻译第一大国。但是中国学界现在存在着相当严重的翻译危机。翻译的量、翻译的广度、翻译的及时程度都不是世界前几名，可见，中国当前的翻译质量不能不令人忧心忡忡。“有的译者外语水平不高，又不肯下死功夫去学习，急功近利，靠翻字典来翻译。有的人自以为是，连字典也不肯翻，抓住一本书，就译开了。其结果如何，不问可知。出版社的所谓责任编辑，有的通外语，有的通之不多，他们有的不肯核对原文。社会上、出版界，又缺乏有力的审查和监督制度。我认为，这是一种极不负责的态度。现在有某一些译本，不用查原文，仅从汉文不通之处，就能推知译文是有问题的。可惜这种危机现象还并没有能引起社会上，尤其是文艺界和学术界的普遍关注,一味听之任之。”[①]

因此,季羡林劝告青年学者必须花大力气认真学习外语,掌握一门外语就掌握了一个世界,没有任何捷径可走,就犹如鲤鱼跳龙门,是生命的升华和飞越。在漫长的学习过程中学习外语,到了一定的时期或一定的程度,眼前就有一条界线,一个关口,一条鸿沟,一个龙门。至于是哪一个时期,这就因语言而异,因人而异了。语言的难易不同,而且差别很大;个人的勤惰不同,差别也很大。这两个条件决定了这一个龙门的远近,有的三四年,有的五六年,一般人学习外语,走到这个龙门前面,并不难,只要泡上几年,总能走到。可是要跳过这龙门,就决非易事。跳不跳过有什么差别呢?差别有如天渊。跳不过,你对这种语言就算是没有登堂入室。只要你稍一放松,就会前功尽弃,把以前学的全忘掉。你勉强使用这种语言,这个工具你也掌握不了,必然会出许多笑话,贻笑大方。可是要跳过这个龙门又非常难,并不比鲤鱼跳龙门容易,必须付出极大的劳动,表现出极大的毅力,坚忍不拔,锲而不舍,才有跳过的希望。

季羡林通过比较英、法、德、意、西班牙语后认为,国内学术界学好英语是首选,因为英语事实上已经成为了世界语:“大家都知道,英文是英国、美国、加拿大、澳大利亚、新西兰等国的国语。连在印度,英文也算是国语之一。……在非洲,有一些国家也不得不使用英文。我们中国人,如果能掌握了英文,则游遍世界无困难。在今天的世界上,英文实际上已经成了‘世界语’了”。[②] 针对有一种看法要提出尖锐的批评——有人认为,我做的是中国

---

① 季羡林:《汉语与外语》,见王岳川编《季羡林学术精粹》第四卷,山东友谊出版社 2006 年版,第 365 页。

② 季羡林:《汉语与外语》,见王岳川编《季羡林学术精粹》第四卷,山东友谊出版社 2006 年版,第 368 页。

的学问，中国学者可以不通外语。季羡林不同意这种偏颇的看法：如果不是井蛙观天而是放眼世界的话，则立刻就能发现，别的国家也在研究中国的国学，而且由于研究基础和传统的不同，由于研究角度和方式的差异，往往能发我们所未发之覆。“外国汉学家往往喜欢搞一些很小很偏僻的题目，搞一些我们中国国学家所疏忽不注意的题目，搞一些由于语言条件的限制而我们搞不了的课题。这些题目完全可以弥补我们的不足，使我们的国学研究涵盖面更广，钻研得更深。这会大大地有利于我们的国学研究，彰彰在人耳目，不言自明。至于国学以外的其他国际通行的学科，我们更需要随时了解世界各国同行们的研究情况，决不允许闭门造车，其道理更是人人都能明白的，解释反而会成为赘疣。能做到这一步，必须通外语。”①但是季羡林认为，学好英语和用外语搞翻译，并非是全盘西化，相反，正好是通过了解西方，更好地弘扬东方文化、中国文化，反对全盘西化。“全盘西化”和文化交流有联系。西化要“化”，不“化”不行，创新、引进就是“化”。但“全盘”不行，不能只有经线，没有纬线。理论上讲不通，事实上办不到。

三、中外文学比较的精神互动

季羡林先生的主要研究工作是中印文学比较，这方面可谓是得心应手、成果颇多。中国文化源远流长，一方面接受其他国家的文化，一方面又毫不吝啬地把自己的文化传出国外，传布全球。中国的传统小说就是传播对象之一。有一些小说也传到了欧洲，受到了像歌德这样的文化巨人的赞扬。

① 季羡林：《汉语与外语》，见王岳川编《季羡林学术精粹》第四卷，山东友谊出版社2006年版，第357页。

但是,最主要的传播地带还是亚洲。中国家喻户晓的一些传统小说,比如《三国演义》《西游记》《今古奇观》《水浒传》《金瓶梅》《聊斋志异》《红楼梦》等等,都传至亚洲许多国家。有的是华侨带出去的,不用译本,有的则有当地文字的译本,为当地居民所喜爱。这也是一种文化传播的方式,其影响更能深入人心,它加强了当地人民对中国的了解,从而增强了友谊。①

在《〈西游记〉里面的印度成分》中,季羡林发现中国著名的古典长篇神魔小说《西游记》与印度神话的具有诸多的关系,这些复杂关系在中国学者中意见就有分歧,有的学者主张是受了印度的影响,有的学者则否认此说。这个争论集中到小说主人公孙悟空(孙猴子)身上。胡适、郑振铎、陈寅恪等主前者,而鲁迅等则主后者。鲁迅在他所著的《中国小说史略》中说:"明吴承恩演《西游记》,又移其神变奋迅之状于孙悟空,于是禹伏无支祁故事遂以堙昧也。"不敢说孙悟空身上一点儿无支祁的影子都没有,但是从整个的《西游记》受印度的影响至深且巨这种情况来看,与其说孙悟空受无支祁的影响,毋宁说他受印度大史诗《罗摩衍那》中的猴子那罗、哈奴曼等的影响更切合实际。因为玄奘的其他两个弟子猪八戒和沙僧,都能在汉译佛经中找到根源,为什么独独情况最鲜明的孙悟空却偏是受无支祁的影响呢?这样说实在过分牵强。无支祁的神话,除了在中国个别地区流行外,实在流行不广,无足轻重。有的学者甚至说,《罗摩衍那》过去没有汉译本,难以影响中国。这种说法亦近儿戏。民间神话传说的流传,往往靠口头传布,不一定写成文章后才能流传,这一点可以说是已经成为常识了。季羡林在汉译佛典中找到了不少同《西游记》中某些故事相类似的故事,影响之迹,彰明较著。

在《新疆与比较文学的研究》中,季羡林认为,在过去几千年的历史中,

① 王岳川编:《学问人生——季羡林自述》,山东友谊出版社2006年版,第195页。

世界各民族共同创造了许多文化体系，最终形成四大文化体系：中国文化体系、印度文化体系、阿拉伯穆斯林文化体系、西方文化体系。重要的是，这些文化体系汇流的地方，世界上只有一个，这就是中国的新疆。由于多种文化的汇合，所以新疆比较文学的资料也就丰富。季羡林在本文里举一个例子，这就是吐火罗文 A（焉耆文或东吐火罗文）中的“木师与画师的故事”。这个故事有许多异本，在汉译佛典中举出了几个，并不求全，只不过表示这个故事传布之广而已。

《西域在文化交流中的地位》一文，季羡林阐述了中国在几千年的历史上通过西域同欧洲和中亚、西亚，甚至非洲的交通极为丰富的状况。可以看到，在东西文化交流中西域的重要性，特别是新疆地位的重要性。西方和中亚同中国的陆路交通几乎全部都通过新疆。新疆在全世界是唯一的一个世界四大文化体系汇流的地方，全世界再没一个这样的地方。这是新疆地理位置所决定的。它东有中国汉族文化，南有印度文化，西有闪族伊斯兰文化和欧洲文化。连古代希腊的雕塑艺术，都通过形成于阿富汗、巴基斯坦、印度一带的犍陀罗艺术传入新疆，再传入中国内地。新疆地区最早接受中国文化，跟着进来的是印度文化，再后是伊斯兰文化。在这三者之间，对峙、并存、汇合的现象，逐步形成。在目前，虽然从宗教方面来看，伊斯兰教统一了全疆。但从深层文化来看，几大文化体系的痕迹依然隐约存在。新疆这个地方实在是研究世界文化交流的最好的场地，随着考古工作不断地深入和发展，随着我们研究水平的不断提高，我们的了解也会逐步加深。①

广义的“西域”包括中国以西，甚至以南的诸多国家和地区，连印度、尼泊尔等国都包括在里面。唐玄奘的《大唐西域记》可以为证。狭义的“西域”

---

① 王岳川编：《季羡林学术精粹》第一卷，山东友谊出版社 2006 年版，第 102—103 页。

>>2001 年季羡林先生与在北大学习的泰国诗琳通公主合影

往往只指中国新疆一带。中国古代正史上，往往有“西域传”这样一章，从章中所列的地名中可以推测出“西域”的含义。世界上四大文化体系季羡林是主张文化多源产生论的。在林林总总的世界大小国家中，几乎每一个国家，不管它的幅员是大是小，历史是长是短，几乎都对人类文化宝库做出了或大或小的贡献。世界上四大文化体系交融汇流的地方在全世界只有一个，这就是狭义的“西域”，也就是中国的新疆。在本文中，季羡林分别介绍了各不同时代文化交融汇合的情况：(1)汉代；(2)三国两晋南北朝时期；(3)隋唐时代；(4)宋元时代；(5)明清时代。进而阐述了两个观点：第一个观点，中华文化博大精深，传了出去，对世界文化产生巨大的影响。另一方面，我们又善于吸收其他国家的文化，从而更丰富了自己的文化。但今天仍然以“天之骄子”自命的西方人未必会心甘情愿地承认他们曾经受过中华文化的滋养。“他们在潜意识中，认为只有他们才能创造出灿烂的文化，中国人是不可能的。这样的西方,忘乎所以,连自己的历史,特别是侵略掠夺别人的历史,都忘得一干二净。但是,他们的祖先,在资本主义刚刚萌芽、殖民主义还没有抬头的时候,却说过一些实事求是公平合理的话,比如十六七世纪的英国哲人培根就曾大大地赞美过印刷术、火药和指南针的发明,而这三者都出于中国人之手。不幸的是,培根的不肖子孙、有的人把这些事实统统忘掉了。岂不大可哀哉!我的第二个观点是:文化总是要交流的,文化不能永远定于一尊,东西两大文化体系的关系是'三十年河东,三十年河西'。我说话是根据历史发展的事实的。可是直到今天,中国还有个别学者激烈地反对我这个观点。但是,我认为这不是一个理论问题,而是一个有待于未来历史发展来证明的事实问题。所以,我一不讨论,二不商榷,三更不辩论。将来有朝一日,历史的发展会指出谁是谁非。"①

在比较文学中,季羡林强调国别文学与比较文学研究的重要性。他认为,印度文学与印度文化对中国而言既熟悉又陌生。中国确实从印度学习了大量的东西,丰富了我们的传统文化。但是,如果仔细研究,中国文化也传入印度,并且产生了影响。只是因为印度不大注重历史,找不到明确的记载,所以才产生了这种错觉。② 印度语言种类繁多,文学的种类也因之而繁多。以民族的共同心理素质为基础,以特殊的语言文字为表达手段,印度人民逐渐形成了自己独有的文学传统。季羡林认为:最古的文学作品是四部《吠陀》,接着是两大史诗,然后是佛教巴利语文学和古典梵文文学。发展下去就是古代俗语文学、中世语言的文学,最后是近代语言的文学。发展的总趋势是:从诗歌到散文,从简单朴素的文体到复杂繁缛的文体。文学作品中

---

① 王岳川编:《学问人生——季羡林自述》第一卷,山东友谊出版社2006年版,第236页。

② 季羡林著:《中印文化关系史论文集》,三联书店1982年版,前言。

表现出来的思想、感情、感觉，越来越细致；表达手段越来越精密。印度人民的这个文学传统，什么时候也没有完全是“国货”过，它总是随时吸收外来的影响，连表达手段——语言文字本身也是如此。它随时吸收外来的影响，最初是古代波斯和古代希腊的影响。伊斯兰教传入印度以后，则接受这个新文化的影响。到了近代，欧洲文学的影响更为强烈。最初是英国文学的影响占垄断地位。其后德、法、俄以及北欧文学也传入印度。印度十九世纪以来的长篇小说和短篇小说，以及戏剧和诗歌，从形式上来看，几乎与欧洲无异，同东方其他国家一样，是欧洲文学影响一统天下了。同时，印度文学也输出印度，传至欧洲。东方各国文学也受其影响。

>>1958 年季羡林先生参加亚非作家会议

同样，西亚非洲文学也是比较文学中国别文学研究不可忽略的内容。季羡林认为：西亚非洲文学本地区原有的文化传统来源相当复杂，值得好好清理。在伊斯兰化以前，埃及有极古的文化，后来中断了。在两河流域，有古代亚述和巴比伦文化，后来也中断了。阿拉伯许多国家就在这个地区兴起。他们的古代文化继承了上述两个传统，又吸收了古代希腊和印度文化的某一些成分，繁荣滋长，文学、艺术、医药、科技，昌明一时，形成了阿拉伯的新文化。随着伊斯兰教的传布，阿拉伯文化在亚洲和非洲传播开来，产生了很大的影响。又通过西班牙传入欧洲。许多古代希腊的著作，通过阿拉伯人的保存与介绍，为中古时代的欧洲所珍视。文学的发展完全与文化的发展相适应。阿拉伯文学既继承，也发展；既接受外来影响，也把影响扩大

>> 1986 年季羡林先生在日本早稻田大学演讲

到域外。印度古代许多文学作品通过阿拉伯人的介绍，传遍世界，最著名的是印度的《五卷书》，到了阿拉伯变成了《卡里来和笛木乃》，传遍亚、欧、非三洲，产生了巨大的影响。在伊朗和阿富汗，原有的文化属于印欧体系。伊斯兰化以后，产生了新的文化和文学。整个阿拉伯地区，伊朗和阿富汗等地，到了近代，同东方其他国家一样，受到了欧洲文化和文学的影响，形成了以伊斯兰文化为基础的、又融入欧洲文化的新的文学。

就南亚与东南亚文学而言，情况更为复杂。季羡林认为：这个地区的十几个国家，不同程度地都有自己的古老的文化和文学传统，表现形式是诗歌的口头流行以及民间传说和神话。到了中古时期，东方三大文化体系都或先或后、或强或弱地传进这个地区，产生了影响。中国文化波及的地区包括越南、老挝、柬埔寨，以及泰国、缅甸、马来西亚、印度尼西亚、菲律宾等国。中国的一些古典文学作品陆续译为当地的语言，或者被当地华裔改写成本地的语言，流行民间。印度文化体系，最初以宗教的形式传入斯里兰卡、缅甸、泰国、印度尼西亚、柬埔寨等国。婆罗门教（后来的印度教），小乘佛教和大乘佛教都先后传进来了。有的地方是大乘佛教先传入，跟着来了小乘，最终把大乘挤掉。印度两大史诗和梵文古典文学也传了进来。两大史诗的影响更为普及。在印度尼西亚满者伯夷文化发达时期，两大史诗译为古爪哇文，影响了这个千岛之国的文学和艺术的创造。两大史诗传布地区包括整个南亚和东南亚。古典梵文文学也几乎影响了整个地区。差不多与此同时，伊斯兰宗教和文化也传了进来。伊斯兰教成为这个地区中一些国家的国教。东方三大文化体系在这个地区，交光互影，错综复杂。到了近代，西方殖民主义侵入。整个地区统统受到了欧洲文化和文学的影响，被拖入了“世界文学”的范围。

日本作为单一民族的国度，其文学来源于发展的历史相对而言不太复杂。季羡林指出,日本有自己的古老的文化和文学传统,最初没有文字。四五世纪以后,使用汉字。五世纪中叶,开始使用汉字作音符,记录日本语音。六世纪佛教由中国传入。六七世纪,圣德太子提倡佛教,奖励儒术。奈良时期(710—794 年)大力吸收中国文化,包括科技和人文科学在内。630—894 年间,派遣唐使 19 次,其中有 12 次到了中国。贵族写汉文和汉诗。1000 年前后,紫式部著《源氏物语》,在世界上这是一部很早的长篇小说。镰仓时期(12 世纪起)出现了一些描述战争的小说,行文中夹杂着汉语词汇,成为以后日本文语的先驱。用假名写的东西也多起来了。特别值得一提的是日本诗歌。除了用汉文写诗以外,用日文写的诗歌最著名的是俳句。在形式上与汉诗没有相通之处。表达格律的手段也有些特殊。但是,在内容方面,则与中国诗歌颇有共同之处,都受到佛教禅宗的影响。中国古代一些文艺理论家提出了“境象”说,讲什么“采奇于象外”“味外之旨”“象外之象、景外之景”等等,要求诗人能做到“羚羊挂角,无迹可求”。有的还讲什么“不著一字,尽得风流”。这些东西西方人很难理解。但是,中国人和日本人却一看就懂。日本的俳句最能表现这种意境。总之,日本文学的发展始终没有离开文化交流。在古代和中世,汉文成分和印度成分纷然杂陈。但是,不管外来影响多么大,最终还是同本地文化融合起来,成为有独特风格的日本文化和文学。只是到了明治维新以后,欧洲文学涌进日本。文学创作和文艺理论都受到影响。从文学体裁上来看,同欧洲和亚洲其他国家完全一样,都属于“世界文学”的范畴了。

可以看到,季羡林具有的比较文化的深度认识和比较文学的理论指导,对比较文学研究不停留在表面的比较上,而是深入到文学精神和文化精神的高度,见人之所未见,发人之所未言。因为,比较文学归根结底是对一国之文学和一族之文学在精神方面和物质方面文化交流的总体把握。文化交流无所不在，无时不在。世界民族，不论大小，不论新旧，都创造了自己的文化，都同别的民族进行了文化交流，虽然各民族对世界文化的贡献之大小不是等同的。中国几千年的历史告诉了我们一个经验或者规律：国力强大的朝代，比如汉唐，敢于接受外来的事物，从而丰富了自己的文化；国力衰微的朝代，胆子就小，自己文化的发展也受到了影响。

在我看来，在世风日下、人心不古、学问大面积滑坡的90年代，在人们精神普遍被物质所击败的时候，正是季羡林这样的学者的精神证明了执着于学术的合法性，也证明了精神存在的不可颠覆性，进而使一切雕虫小技的写作和所谓语言游戏式的戏仿写作变得苍白无力。生命的意义在于不断扬弃和更新自己的灵肉，在于将灵肉存在之思转化为精警的思想文字。然而，我除了关注季羡林先生的理性思维层面的显在话语以外，同时，我更关注他通过生命进行思考和写作的内在话语。因此我可以说，季羡林从比较文学到比较诗学的深入研究，标志着他的文艺和美学视野的扩大和理论思维深度化，从而走向了更高的阶段。更广泛地说，当代比较文学和比较美学进一步发展，文学研究从狭窄的视野中解放出来，超越现象的表面，走向民族精神比较的比较哲学和比较文化学。总之，在长期的封闭与隔绝之后，季羡林以世界文学和美学为背景，以他种诗学和美学作为参照系来映照自身，在认识别人时，更好地重新认识和估价自己。正是在这深刻的美学反思和寻找人类共同文心、诗心以及中西美学的“结合点”的诗学比较中，使得中国文艺理论和美学将获得更多的国际视野，获得新的文化生机。

第四章 文艺理论与美学反思

季羡林还在清华大学念书的时候，就受到了朱光潜先生等著名教授的美学启蒙和生理心理学的培育。他回忆道："五十多年前，我在清华大学西洋文学系念书。我那时是二十岁上下。孟实（朱光潜）先生是北京大学的教授，在清华大学兼课，年龄大概三十四五岁吧。他只教一门文艺心理学，实际上就是美学，这是一门选修课。我选了这一门课，认真地听了一年。当时我就感觉到，这一门课非同凡响，是我最满意的一门课，比那些英、美、法、德等国来的外籍教授所开的课好到不能比的程度。朱先生不是那种口若悬河的人，他的口才并不好，讲一口带安徽味的蓝青官话，听起来并不'美'。看来他不是一个演说家，讲课从来不看学生，两只眼向上翻，看的好像是天花板上或者窗户上的某一块地方。然而却没有废话，每一句话都清清楚楚。他介绍西方各国流行的文艺理论，有时候举一些中国旧诗词作例子，并不牵强附会，我们一听就懂。对那些古里古怪的理论，他确实能讲出一个道理来，我听起来津津有味。我觉得，他是一个有学问的人，一个在学术上诚实的人，他不哗众取宠，他不用连自己都不懂的‘洋玩意儿’去欺骗、吓唬年轻的中国学生。因此，在开课以后不久，我就爱上了这一门课，每周盼望上课，成为我的乐趣了。孟实先生在课堂上介绍了许多欧洲心理学家和文艺理论家的新理论，比如李普斯的感情移入说，还有什么人的距离说等等。他们从心理学方面，甚至从生理学方面来解释关于美的问题。其中有不少理论我觉得是有道理的，一直到今天我仍然记忆不忘。”

其实，我认为：每个人都有审美能力，都可以欣赏美丑、崇高和滑稽。一般而言，西方人对审美形式很关注，看重美的外在形态，而中国人看重美的内在品格。西方人喜欢看起来鲜艳美妙的玫瑰，因为玫瑰花看形式赏心悦目，而中国人喜欢沉静优雅的兰竹，更看重它们内在之品性。兰竹成了中国人审美人格的理想和审美心灵的精神象征。无疑，中西方各有各的审美趣味、审美积淀和审美历史，但对于中国重视品的美学思想，是一种高尚情怀的审美显现，体现了中国文化精神的高迈的美学价值。

一、美学研究转型与中国文论“失语”

季羡林在当代美术界全盘向西方现代主义后现代主义、艺术挪用拿来至甚的时候，注意到中国古代美术文化的辉煌和输出。他在《中国美术之西

>>1995 年钱中文教授与季羡林先生谈文艺理论

传》中明确写道:“随着中国哲学思想之西传,中国美术也传入欧洲。欧洲美术史上的罗柯柯时代约始于 1760 年,即乾隆二十五年,至十八世纪末而未衰。此时中国美术传入,产生了显著影响。在绘画上重清淡之色彩。在建筑上力避锐角方隅,多用圆角。在文学上则盛行精致的小品。在哲学上采用模棱两可的名词。这与流行于当时的‘中国趣味’或‘中国风’是分不开的。中国情趣表现在许多方面,首先是在园林布置方面。欧洲人认为,中国园艺兼有英、法二国之长。他们说,中国园艺匠心独运,崇尚自然,不像欧洲那样整齐呆板。于是中国式的庭园一时流行于欧洲各国,法国、英国、德国等地都出现了中国庭园的模仿物,遗迹至今尚能见到。中国绘画也传入欧洲,主要是中国的山水画和人物画,在瓷器上表现最为突出。有一些画家也作有中国情趣的绘画,比如孤岛帆影、绿野长桥之类。据说梵高也学过中国泼墨画。除了绘画之外，中国用具也流行欧洲。轿顶围的质料与颜色，受到中国影响。中国扇子、镜子传入欧洲。十七世纪后半，法国能制绸。中国瓷器西传，更不在话下。同时中国瓷器也受到西洋影响。明末至清朝乾隆年间中国经籍和美术西传的情况大体上就是这个样子。”

事实上，就美学研究而言，中国古代美学思想同样是丰富多彩的。季老《美学的根本转型》一文（刊于《文学评论》1997年第5期）认为，中国近代美学主要受到西方美学影响，中国美学家在西方美学的范畴里兜圈子，难以出新。作为感性学的西方美学，基本上只限于眼和耳，研究眼视之美与耳听之美，而忽略了鼻、舌、身三个方面。从“美”的词源出发，美源于五官中的舌头，不同于西方。中国美学有以心理为主要因素的美，如眼与耳；同时也有以生理因素为主的美，如鼻、舌、身。中国美学大可不必紧紧跟随西方美学模仿抄袭，而是必须以我为主，从审美实践出发，重起炉灶，把生理与心理感受的美融于一体，寻找建立新的美学体系之路。[①] 可以说，季老的看法具有重要的意义，现在一些人唯西方马首是瞻，认为，当代中国美学或中国文论不如西方的流派众多，观点迭出。其实说到底，审美内在本性就在于提升人的活生生的感性，张扬美善的精神，鞭笞丑恶的东西。

在我看来，当代中国美学理论问题首先在于：各种美学理论思想几乎共时态的涌入，中国的接受语境的复杂化。事实上，西方美学理论为我们提供了一个方法论平台，这个平台似乎使我们在分析文本时感到自己方法的落后、思想的僵化和行文话语的边缘化，但是否我们抓住了这些最新话语就可以走向中心，就不再僵化，就可以表现得十分灵动呢？我认为，完全追新可能是一个本体论的误区，它将使我们永远追不上西方，使我们在新世纪还要重复20世纪的一系列错误。所以，中国美学理论不可能完全从西方借鉴，但

---

① 季羡林：《美学的根本转型》，《文学评论》1997年第5期。

是不可能不对西方加以观照。在我看来,只能把西方美学理论作为一种方法论参照,在本体论上发掘我们的本土资源。毕竟面前的现实是,我们的美学方法研究与西方基本同步,像世纪初的俄国形式主义在七八十年代进入中国时还显得很新,但今天文化研究、生态批评在国外刚刚出现几年,我们这里已经广泛应用了。既然是基本同步,追新就变得毫无意义,这时学术竞争不以量胜,不以万花筒的不断转动取胜,相反,是一种本质力量的学术较量。我们必须走出赶超心理,深层次地总结自身经验并寻求差异。这种差异性的东西有可能成为我们新世纪经过拿来主义走向输出主义的主角。我想强调的是,新世纪中国美学理论应该走出拿来主义模式,走向输出主义。

>>2001 年童庆炳教授在季羡林先生家门口的荷塘旁合影

季羡林认为:“美学”这一门学问,在某种意义上来看,可以说是一个“舶来品”,受到了西方影响之后才成立的。有一段时期,美学浸浸乎成了显学,出了不少人才,出了不少的书,还形成了一些学派互相争辩,有时候还相当激烈。争论的问题当然很多,但是主要集中在美的性质这个问题上:美是主观的呢,还是客观的?抑或是主客观相结合的?跟着西方学者后面走,拾人牙慧,不敢越雷池一步,结果走进了死胡同,走进了误区。何以言之?按西方语言,“美学”这个词儿的词源与人的感官(sense - organ)有关。人的感官一般说有五个,即眼、耳、鼻、舌、身。中国和印度等国都是这样说。可是西方美学家却只讲两官,即眼与耳。美术、绘画、雕塑、建筑风格等属于前者,音乐属于后者。这种说法实际上已可归入常识。可是,中国美学家忘记了,中国的“美”同西方不一样。从词源学上来讲,《说文》:“美,羊大也。”羊大了肉好吃,就称之为“美”。这既不属于眼,也不属于耳,而是属于舌头,加上一点鼻子,鼻子能嗅到香味。我们现在口头上时时都在讲“美酒”“美味佳肴”等等,还有“美食城”这样的饭店。这些在西方都不能用“美”字来表述。西方的“美”不包括舌头和鼻子。只要稍稍想一想,就能够明白:中国学者讲美学,而不讲中国的“美”,岂非咄咄怪事!我说,这是让西方学者带进了误区。可以说,季羡林看到了美学研究的误区和问题的症结所在,进而提出美学必须转型。一些美学家谈论美学转型的问题,但是不能小小地转一下型,而要彻底走出误区,必须触及一些带根本性的美学问题——当代中国美学必须彻底转型,决不能小打小闹,修修补补,而必须大破大立,另起炉灶。

除了美学转型问题以外,季羡林对当代中国文艺理论在国际上“失语”问题非常关注,撰文加以深度思考和研究。他指出,有人说,欧美有这样复杂丰富的文艺理论,说“欧洲中心”难道还不是当之无愧吗?我不大同意这种看法。我赞成鲁迅的“拿来主义”。但是在拿来以前,必须认真加以分析,有营养的就拿来,有毒的就扬弃,一定要为我所用。“我觉得这是惟一正确的态度。其他外国的东西是这样,文艺理论也是这样。能做到我上面说的这一些,我认为,我们就能在研究外国文学方面建立起我们自己的理论体系,从而提高外国文学的研究水平,有中国特色的外国文学研究就能够形成。"①

面对这些五光十色的流派和术语,如果中国学者不根据本土文化发展和艺术土壤,找到一些自己的文论话语,而仅仅用一些与文学创作格格不入的术语和理论来炫耀一世,当对中国的文学发展有百害而无一利。近年来文艺理论时有变化,新学说不时兴起。有的延续时间长一点,有的简直是"蟪蛄不知春秋",就为更新的理论所取代。季羡林常套用赵瓯北的诗句,改为"江山年有人才出,各领风骚数十天"。可是,令人奇怪的是,在这国际文艺理论论坛上喧嚣闹嚷声中,独独缺少中国的声音,有人就形象地说,中国患了"失语症"。难道我们中国真正没有话可说吗?难道国际文艺理论的讲坛上这些时生时灭的"理论"就真高不可攀吗?难道我们中国的研究文艺理论的学者就真正蠢到噤若寒蝉吗?季羡林认为,其中原因很多,但是最主要的原因是,我们有一些学者过多地屈服于"贾桂思想",总觉得自己不行;同时又没有勇气,或者毋宁说是没有识见,回顾我们自己有悠久历史传统的、水平极高的文艺理论宝库。中国传统的文艺理论,特别是所使用的"话语",其基础是综合的思维模式,与植根于分析的思维模式的西方文艺理论不同。我们面对艺术作品,包括绘画、书法、诗文等等,不像西方文艺理论家那样,把作品拿过来肌擘理分,割成小块块,然后用分析的"话语"把自己的意见表述出来。有的竟形成极端复杂的理论体系,看上去令人目眩神摇。

其实,我认为西方仅仅是中国文化和文论的一个"他者镜像",只有在这

① 季羡林:《外国文学研究应当有中国特色》,见王岳川编《季羡林学术精粹》第四卷,山东友谊出版社2006年版,第15页。

个镜像当中,我们才能知道自己走到哪一步,推进到哪一步,学术增长到哪一步,从而知道哪些是当代中国文论研究的空白。当代文论发展的新趋势,说明了中国一个世纪以来不断的“追新逐后”的持续理论热情,这种理论热情持续了很长的时间,尤其是以20世纪后半叶为重;对这种学术史的清理,在当代成为新的学术思想生长点的关键。

我们必须认识到,中西文论不仅是文化场域不同,文化根基不同,而且今天社会发展格局不同,文学创作的美学价值观不同,不能完全照搬拿来甚至挪用抄袭。中国人面对一件艺术品,或耳听一段音乐,“并不像西方学者那样,手执解剖刀,把艺术品或音乐分析解剖得支离破碎,然后写成连篇累牍的文章,使用了不知多少抽象的名词,令读者如堕入五里雾中,最终也得不到要领。我们中国的文艺批评家或一般读者,读一部文学作品或一篇诗文,先反复玩味,含英咀华,把作品的真精神灿然烂然映照于我们心中,最后用鲜明、生动而又凝练的语言表达出来。读者读了以后得到的也不是干瘪枯燥的义理,而是生动活泼的综合的印象”。季羡林举例说明:庾信的诗被综合评论为“清新”二字,鲍照的诗则是“俊逸”二字,杜甫的诗是“沉郁顿挫”,李白的诗是“飘逸豪放”,其余的诗人以此类推。对于书法的评论,比如对书圣王羲之的书法,论之者评为“龙跳天门,虎卧凤阙”。多么具体凝练,又是多么鲜明生动!为什么在中国文学批评史上,除了《文心雕龙》《诗品》等少数专门著作之外,竟没有像西方那样有成套成套的专门谈文艺理论的著作?中国的文艺理论实际上是历史悠久、内容丰富,而又派别繁多、议论蜂起的。许多专家的理论往往见之于《诗话》中,不管什么“神韵说”“性灵说”“肌理说”“境界说”等等,都见之于《诗话》(《词话》)中,往往是简简单单的几句话,而内容却包罗无穷。试拿中国《诗话》同西方文艺理论的皇皇巨著一比,其间的差别立即可见。

季羡林清醒而乐观地指出,中国文艺理论并不是没有自己的“语”,之所以在国际上失语,一部分原因是欧洲中心主义还在作祟,一部分是我们自己的腰板挺不直,被外国那一些五花八门的“理论”弄昏了头脑。只要我们多一点自信,少一点自卑,我们是大有可为的,是决不会再“失语”下去的。但是兹事体大,决不会是一蹴而就的事,我们必须付出艰苦的劳动,多思考,勤试验,在不薄西方爱东方的思想指导下,才能为世界文艺理论开辟一个新天地。

一般认为,文艺理论包括作家、作品、读者和社会文化四个要素,进行文学理论研究,应该和我们第三世界的文化身份和文化立场联系起来。才能取长补短,救治文论的失语症。这里,我想沿着季老的思路提出这样一些问题:最近二十年来西方这些新理论一下子涌入中国,中国知识界接受了什么,已经消化了什么?什么样的东西与我们的肌体产生了一种共振、共鸣,生成了一种新的东西?哪些东西被我们清除了、排斥了、拒绝了?有人提出文学理论是否会消失的疑问,我看文学理论不会消失但会逐渐泛化。从前我们借助哲学、社会学、心理学,政治学等方法来进行文学研究,今天的文化研究恰好反过来,是文学研究的方法慢慢进入到哲学、社会学、心理学甚至政治学、国际关系学的研究中去。从前是文学接受严谨科学的馈赠,这次文学则慢慢地把自己独特的理解和沟通方法,逐渐扩展到整个人文社会科学当中去。一句话,从关注小本文,即词语、人物、情节、喻意等,转向大本文,即阶级、性别、文化、社会、话语及权力运作等层面。这些分析原先可能是社会学、政治学的,现在文学也要从事这方面的分析。因为文学的对象、文学接受者、文学传播机制(如网络文学)、文学的价值功能都在发生变化,文学不再仅仅具有审美欣赏的功能,而具有了一种大文化功能。

我们有理由认为,中国文学理论在新世纪有可能通过方法的不断催新,进而达到一种本体论意义上的创新。在国内语境中,从文学理论走向文化研究,在国际语境中从拿来主义走向输出主义,从而使新世纪中国文论建设从话语盲视走向精神自觉。

二、如何看待现代西方文艺理论

季羡林看问题总是强调面面观，这样才能全方位看清问题的实质之所在。他在思考过中国如何看西方文论，看印度文论以后，转向了对西方人如何看待中国文化和中国文论的思考。

欧洲对中国的调子转变与1840年的鸦片战争有关。在这以前，中国这个天朝大国，虽然已经有点破绽百出，但气势犹在，而鸦片战争一下子把这只纸老虎戳破。西方对中国的政治、经济，进而对中国文化逐渐贬低起来。西方没有东方的历史观，以为东方从来就是这样疲弱。随着西方科学技术的发展，政治、经济的发展，环顾海内，唯我独尊。然而，第一次世界大战给西方敲了警钟，有识之士开始反思，于是出现了像斯宾格勒《西方的沉落》这样发人深思的书。可惜好景不长。季羡林认为："到了二十年代末三十年代初，法西斯思潮抬头，把西方文化捧上了天，把其他文化贬得一文不值。中国人在法西斯分子眼中成了劣等民族，更谈不到什么欣赏中国文化了。不久就爆发了第二次世界大战，比第一次大战还要残酷，还要野蛮。这又一次给西方敲了警钟。西方有识之士又一次反思，汤因比可以做为代表。预言已久的第三次世界大战，始终没有爆发。虽然在全球范围内大大小小的战争从未停止过，大家总算是能够和平共处了。到了今天，人类共同的公害，比如人口问题、粮食问题、污染问题、土地问题等等，一个个被认识得越来越清楚。两个超级大国似乎也认识到，靠武力征服世界的美梦是不现实的，他们似乎也愿意和平共处了。在这样的情况下，人们要怎样来认识西方文明，怎样来认识东方文明——中国文明，怎样来认识文化交流，就非常值得我们注意了。”①

季羡林无疑是一位乐观主义者。他乐观地看到，全人类发展到形成单一社会之时，可能就是实现世界统一之日。在原子能时代的今天，这种统一靠武力征服——过去把地球上的广大部分统一起来的传统方法——已经难以做到。同时，他所预见的和平统一，一定是以地理和文化主轴为中心，不断结晶扩大起来的。季羡林引用汤因比的话：“我预感到这个主轴不在美国、欧洲和苏联，而是在东亚。由中国、日本、朝鲜、越南组成的东亚，拥有众多的人口。这些民族的活力、勤奋、勇气、聪明，比世界上任何民族都毫无逊色。无论从地理上看，从具有中国文化和佛教这一共同遗产来看，或者从对外来近代西欧文明不得不妥协这一共同课题来看，他们都是联结在一条纽带上的。并且就中国人来说，几千年来，比世界任何民族都成功地把几亿民众，从政治文化上团结起来。他们显示出这种在政治、文化上统一的本领，具有无与伦比的成功经验。这样的统一正是今天世界的绝对要求。中国人和东亚各民族合作，在被人们认为是不可缺少和不可避免的人类统一的过程中，可能要发挥主导作用。”②

季羡林的乐观推测建立在他的历史研究的辩证观点上，他坚持认为，世界的统一不可能有战争和杀戮实现，而只能在和平中实现。这正是原子核弹时代人类唯一不集体自杀的道路。中华民族虽不是在任何时代都是和平的，如战国时代和古代希腊以及近代欧洲一样，也有过分裂和抗争。然而到汉朝以后，就放弃了战国时代的好战精神。在这以前，秦始皇的政治统一是靠武力完成的，因此在他死后出现了地方的国家主义复辟这样的反动。汉

---

① 季羡林：《从宏观上看中国文化》，见王岳川编《季羡林学术精粹》第一卷，山东友谊出版社 2006 年版，第 26 页。

② 季羡林：《从宏观上看中国文化》，见王岳川编《季羡林学术精粹》第一卷，山东友谊出版社 2006 年版，第 26—27 页。

>>1994 年季羡林先生访问泰国

朝刘邦把中国人的民族感情的平衡,从地方分权主义持久地引向了世界主义。和秦始皇带有蛊惑和专制性的言行相反,他巧妙地运用处世才能完成了这项事业。

季羡林进一步指出:“当前世界一些国家的五花八门的新理论,什么结构主义,什么心理分析,什么新批评派,什么现代主义,后现代主义,接受美学,等等。我们究竟应该怎样对待呢? 第一,我们要认真研究,加以分析。如果有精华的话就加以吸收,一概拒绝是不对的。第二,我们也不能一概接受,拜倒在它们的脚下。我常常听到一些人,特别是比较年轻的人,津津乐道地欣赏这些令人目眩的主义,说它们是多么细致,多么深刻,多么周到,又是多么全面,总之是好得不得了。我是不同意的。"我赞同季老的学术判断。我注意到,十九世纪西方文艺学美学随着现代性的推进有了飞速的发展,出现了流派纷呈的局面。其主要流派有:象征主义文论、表现主义文论、社会学文论、分析哲学文论、符号论文论、语义学文论、实用主义文论、自然主义文论、形式主义文论、直觉主义文论、新托马斯主义文论、移情说等。西方二十世纪的文艺学文论流派主要有四个方面:一是注重作者心理表现研究方面,主要有表现主义、象征主义、文艺心理学派、原型批评。二是注重作品本体研究方面,主要有俄国形式主义、英美新批评派、结构主义、现象学作品本体论研究等。三是注重读者阐释接受的研究方面,主要有阅读现象学、文艺解释学、接受文论、读者反应批评等。四是注重文艺的社会文化批判方面,主要有西方马克思主义文艺理论、新历史主义、后殖民主义、文化研究等。

同样,中国文论界对现代西方的新方法有一种不断趋新的热情,仅仅 20 年,西方文艺理论在作家、作品、读者、社会文化四个维度吐纳了诸多文论流派和方法,诸如:传记批评、精神分析方法、原型批评、俄国形式主义、英美新批评、结构主义、现象学方法、解释学、接受美学、读者反应批评、西方马克思主义、女权主义、解构主义、后现代主义、后殖民主义、文化研究、少数话语、文学人类学、文化生态学、绿色艺术学等,这种"逐新"暗含着中国文论界的自卑和超越意识。问题在于,在不断"逐新"的理论冲突中应该反思,这种"逐新"带来一系列问题:西方文论为中国学术界提供了一个"他者"镜像,一个接近中国问题的方法论平台,但同时"逐新"又是一个本体论误区,一种永远自卑的文化情结。事实上,西方理论同中国接受目前已经基本同步,如何走出赶超心理,如何深层次总结经验,寻求差异,如何在一个世纪的"拿来主义"后走向"输出主义",如何自己创造生成自己的关键词、关键命题,在全球化中回首关注"中国问题",进而从不断反传统的怪圈中走来,不再是文化自嘲和自虐,而是真正面对决裂与选择的双重痛苦,实在是一个大问题。

季羡林对西方文论并不看好，认为研究当代西方文论是在文化互动中的中西前沿思想对话。这意味着，不应仅从知识论和认识论着手，因为这一研究不是对西方文化和西方文论评头论足，相反，从生态美学上看，这种对西方文论思想的考察，是中西文论和文化的一场本体论意义上的对话，正是在这种对话中，中西文论的真实意义才在当前时间中呈现出来。对当代西方文论研究，一方面可以使我们从现代文化的高度看西方文化美学困境和诗学精神的张扬；另一方面，也可以使我们看到自己文论和美学还因袭着传统的重负，还未能达到真正的反思。这种文艺理论研究的反思和对话，不是要通过比较来贬扬某一文论，而是在于更深一层探问人类审美文化的共同价值取向和差异性之所在。

>> 1996 年韩素音将一件华丽的印度披肩赠送给季羡林先生

我认为,中国学者不应照搬和移植西方文艺理论,而应在与西方文论参照对比中,整理、分析、总结自己的当代文艺理论,进而建设中国当代文艺理论体系。当我们真正把握了20世纪西方文艺理论的真实意义,真正领悟了当代中国文论下潜藏的存在本体论意义空洞之时,我们的知识型态将有全新的结构。在文艺理论和美学研究的深层,涉及一个远为深邃而且相当重要的问题,即中西文化精神的走向问题。要建立当代中国的文艺理论体系,必须首先清楚西方文化和文论的主要趋势和价值取向。只有真正弄清了西方文论的"文化灵魂",同时也认清了我国文艺理论急待鼎新革故的方面,才可能取长补短,扬优弃劣。

进一步看,在全球化的多元文化色彩和"政治正确"意向中,中国文论界在对第一世界和第三世界文化的研究中,注意到后殖民主义在批判资本主义生产和消费关系时,往往强调第三世界对第一世界的"文化拿来",而没有清醒地意识到新世纪中国"文化对话"的重要性。这实际上提出了全球化语境中的中国文化和文论知识分子的价值立场问题。在后殖民语境中,中国学者的批评精神不可或缺,本土学者应从自己的喉咙发声,用自己的方式介入第一世界的话语中心,使得话语成为可以"分享"的,价值标准成为可以"互补"的。处于边缘的第三世界知识分子的文化理论介入和对中心主义的警惕,对于抵制第一世界思想家的文化帝国主义霸权话语,使其得以考虑不同历史文化和社会差异所制约的观念处理全球问题,审理以西方现代性作为全球发展唯一标准或道路的知识佞妄,有着不可缺乏的纠偏功能。全球化时代为中国从"西学东渐"走向"东学西渐"提供了基础,使东西方知识分子在多元宽松的文化语境中平等对话成为可能。

总之,在全球化的理论播撒、理论旅行中,中国不应该成为被动的纳受者。作为被误读的"东方"的中国学者,我们应该思考的毋宁是:在后价值、后良知时代,中国学者有没有能力、资格和水平对世界未来提出自己的文化问题和全球性文化发展问题？也许，我们很难逃避这些不合时宜的思想考量。我的回答是肯定的。因为，当代中国文化发展出现了话语转型的症候，这表明我们的文化自觉意识正在催生着中国文化的新精神。中国同样应该在全球化文化互动中从事理论播撒和输出新理论工作，形成理论双向或多向互动，一种对等的互动的“旅行”。在其中应该注意海外汉学家的本土误读与其处身性策略，从而使本土理论能够真实的发生和生成在这片厚土之中，完成从一个世纪的“拿来主义”之后的当代中国的文化“输出主义”。

三、如何看待印度古典文艺理论

研究印度文艺理论，不是季羡林的主要工作。他君子自谦地说：“我不是研究文艺理论的专家，不过多少年来对此问题也颇感兴趣，我也曾思考过探索过。我现在想尝试着走一条过去从没有人走过的路，我想利用印度的古典文艺理论来解释一下神韵的含义。知我罪我，自有解人；始作俑者，所不敢辞。”

就历史发展而言，中国、希腊、印度各自独立创造了自己的文学理论，并成为世界文论的三大源头。一般认为，梵语诗学是印度古典文论的杰出代表，印度文学理论是东方文论发展不可忽略的一维。比如印度古典文论中的“味”，就是从人的感官之味逐步发展到文艺追求的境界。《奥义书》中提出的“色、声、看、味、触”，《四部吠陀经》植物汁味、宗教味、诗歌味、医学味等“四味”。印度古代文论著作《舞论》明确提出“味”有八种，即艳情味、滑稽味、悲悯味、暴戾味、英勇味、恐怖味、厌恶味、奇异味。而八“味”是由八种情感引起的，八种情感对应着印度的八位神明。艳情味对应毗湿奴（保护神），悲悯味对应阎摩（死神）等等。

季羡林因此认为，印度古典文论很有研究借鉴价值。因为世界上的文艺理论,决不止那样一家。评论一部文学作品、一件艺术成品的角度决不仅仅只有那样一个,评论的方法也决不会仅仅只有那样一种。人类的文学活动是极其复杂的,不承认这一点,就是不承认事实。各民族的文学创作,既有特性,也有共性,文艺理论也是如此。在古希腊,产生文学作品的环境不同于欧洲以外的国家,因而文学作品也不同于这些国家。但是,既然都是人类的文学作品,其中必有共同之处,也就是共性。与此相联系的文艺理论,也必然有特性,又有共性。

总而言之,在如今的世界上,真正有独立性的评论文艺作品的方法或者角度,就只有这四家。"今天讲中国特色,就要以马克思主义为出发点,以中国文艺理论为基础,融欧美、中国、印度文艺理论于一炉,融会贯通,把自有人类以来评论文艺所有的角度,所有的方法,都加以比较、分析,潜心默思,找出一个新的角度,一个新的方法。从方法论上来讲,也可以叫做比较研究吧。我们融会贯通的基础就是上面说到的文艺理论中的共性,它们的特殊性在另一种形式下也可以起积极的作用。如果能做到这步,难道不是外国文学研究中的一个空前的突破吗?"①

季羡林认为,印度文艺理论研究历史悠久并自成体系。公元9世纪至10世纪是发展的鼎盛时期,9世纪出了一位欢增(nandavardhana),其名著《韵光》(*Dhvany loka*),把语法学家、逻辑学家和哲学家的分析运用到诗的词和义(形式和内容)的分析上来。10世纪出了一位新护(Abhinavagupta)。他的名著《韵光注》和《舞论注》,继承和发展了欢增的理论。他们的理论以韵论和味论为核心,展开了一系列的独辟蹊径的探讨,从注重词转而为注重义,打破了以前注重修辞手段的理论传统,创立了新的"诗的灵魂"的理论,

---

① 季羡林:《外国文学研究应当有中国特色》,见王岳川编《季羡林学术精粹》第四卷,山东友谊出版社2006年版。

也就是暗示的韵的理论。他们的印度式的文艺理论的大体格局如下。首先,词汇有三重功能,能表达三重意义:一,表示功能表示义(字面义、本义);二,指示功能指示义(引申义、转义);三暗示功能暗示义(领会义),这种暗示就是他们所谓的“韵”。《韵光》第一章说:可是领会义,在伟大诗人的语言(诗)中,却是(另外一种)不同的东西。

季羡林注意到,中国诗歌也有“韵”的美学,韵的理论的暗示美。但为什么中国用“韵”字,印度用 dhvani 这两个都属于声音范畴的词儿来表达呢?又为什么中国同印度没有事前协商竟都用表达“韵”的含义的声音符号来表达呢?中国古人说过:“人同此心,心同此理。”在这里这个“理”究竟何在呢?在印度,译为“韵”的那个字 dhvani,来源于动词根 vdhvan,意思是“发出声音”,后来演变为“暗示”。印度“韵”的理论家把分析语法、分析声音的办法应用到分析文艺理论概念上来,所以,他们使用 dhvani 这个词是可以理解

>> 季羡林先生与韩素音女士合影

的。但是，一到中国，似乎就有点难以理解了。汉文“韵”字，从形体结构上来看，偏旁“音”是表示声音的，与意义无关，至少关系不大。《文心雕龙》卷七《声律》第三十三：“异音相从谓之和，同声相应谓之韵。”《文镜秘府·四声论》引作：“异音相慎（顺）谓之和，同声相应谓之韵。”范文澜《文心雕龙注》说：“异音相从谓之和，指句内双声叠韵及平仄之和调；同声相应谓之韵，指句末所用之韵。”总之，和与韵都指声音之和谐。和谐同美有联系，所以“韵”字也有“美”的意思，“好”的意思，“风雅”的意思。《世说新语》中的“道人蓄马不韵”可以为证。用“韵”字组成的复合词很多，比如“韵宇”“韵度”“韵事”“风韵”“韵致”等等，都离不开上面说的这几种意思。我个人以为，其原因就在于用声音表示“和谐”这个概念，最为具体，最容易了解。我们现在讲的“神韵”，也可以归入这一类词汇。

通过这种精细的文化比较和诗学比较，季羡林得出了自己的答案：中印两国同样都用“韵”字来表示没有说出的东西、无法说出的东西、暗示的东西，这是相同的一面。但是，在印度，dhvani 这个字的含义，从“韵”发展到了“暗示”。而在中国，“韵”这个字，虽然也能表示无法说出的东西，同“神”字联在一起能表示“暗示”的含义；却从来没有发展到直截了当地表示“暗示”的程度，这是不同的一面。

季羡林对印度文艺理论在世界上的影响不大表示了自己的困惑。认为印度文艺理论源远流长内容丰富，它既不同于欧洲传统，也不同于中国，可以在世界上成为一个独立的体系。印度文艺理论也有一套自己的术语，同中国的术语一样，充满了形而上的意味，要想用梵文以外的语言来说清楚，也还要进行一番比较研究。但从全世界范围来看，印度文艺理论还没有得到应有的地位，中西研究者还不够多。我们必须认真加以研究，给印度文艺理论以应有的地位。

四、中国文学史必须重写

季羡林先生鲜明地提出：中国文学史受政治影响太大，问题太多，应该下决定重写文学史。在建国前的几十年中，出了一些《中国文学史》和《中国文学批评史》。解放前的大体上有：胡适《白话文学史》，还有一本《中国妇女文学史》，陆侃如和冯沅君《诗史》，钱基博《现代中国文学史》，郑振铎《插图本中国文学史》。建国以后又读到了几种文学史，游国恩主编《中国文学史》，余冠英主编《中国文学史》等。但是不可否认，《中国文学史》的纂写受到了极“左”思潮的影响。中国的极“左”思潮一向是同教条主义、僵化、简单化分不开的。在“一边倒”指导方针下，中国的文学史和文艺理论研究，也唯前苏联的马首是瞻。50 年代，我们聘请了一些苏联文艺理论专家来华讲学。他们带来的当然是贴着某某主义标签的那一套苏联教条，我们却奉为金科玉律，连腹诽都不敢。前苏联一个权威讲的一部哲学史就是唯物主义与唯心主义斗争的历史，把极端复杂、花样繁多，然而却又是生动活泼的哲学史上哲学家的学说，一下子化为僵死、呆板、极端简单化了的教条。可在一段相当长的时期内，这就是我们研究中国文学史以及中国历史上文艺理论的唯一的指针。在这样的重压下，文学史和文艺理论的研究焉能生动活泼、繁荣昌盛呢？[①]

在诊治现状提出问题以后，季羡林进一步提出解决的方法：有人僵化教条地说，文学作品有两个标准，政治标准和艺术标准。政治标准内涵极丰，其中有“人民性”一种东西。什么叫“人民性”呢？一看就明白，一追问就糊

---

① 季羡林：《我的学术总结》，见王岳川编《学问人生——季羡林自述》，山东友谊出版社 2006 年版，第 400—401 页。

涂。对一些人来说,它是恍兮惚兮,其中无象,只可意会,不能言传。于是一些文学史家就在“人民”二字上下功夫。遍搜古籍,如果侥幸能找到“人民”——不管这两个字古今是否同义——或与“人民”相近的字眼,就如金榜题名、洞房花烛一般,狂喜不已。这样怎能写出好的文学史来呢?另一个标准叫作“艺术性”,这个标准比较具体,比较平易近人,理解起来比较容易。但是,既然它被搁置在第二位置上,也就是次要的位置上,又因为第一条政治标准被强调得天一般高,这个老二根本不能与老大平起平坐。“于是一般的中国文学史家,为了趋吉避凶,息事宁人,就拼命在第一条标准上做文章,而忽视了这个第二条艺术性标准。翻看近四五十年来所出版的几部部头比较大、影响比较大的《中国文学史》或者有类似名称的书,我们不难发现,论述一个作家作品的政治性或思想性时,往往不惜工本,连篇累牍地侃侃而谈,主要是根据政治教条,包括从原苏联贩来的洋教条在内,论述这位作家的思想性,有时候难免牵强附会,削足适履。而一旦谈到艺术性,则缩手缩脚,甚至噤若寒蝉,潦潦草草,敷敷衍衍,写上几句着三不着两的话,好像是在应付差事,不得不写”。①

面对这一二元对立,季老提出抓主要矛盾,放弃次要矛盾的做法,分析文学史界和文学理论界面对的文艺思想性和艺术性难题,认为衡量一部文学作品的标准,艺术性应该放到第一位,因为艺术性是文学作品的灵魂。如果缺乏艺术性,思想性即使再高,也毫无用处,这样的作品决不会为读者所接受。“评定文学作品的首要标准是艺术性,有艺术性才有文学作品。否则思想性再高,如缺乏艺术性,则仍非文学作品……写文学史,应置文学性于第一位。只要艺术性强而新,即使思想性差一点,甚至淡到模糊到接近于

① 季羡林:《我的学术总结》,见王岳川编《学问人生——季羡林自述》,山东友谊出版社2006年版,第401页。

>>1980 年季羡林先生、朱光潜、冯至等参加的《外国文学史》审稿会

无，只要无害，仍能娱人，因而就是可取的。”季老认为，文学史家往往不重视艺术性，“而艺术性最重要的表现工具，我认为是语言文字”。因此，文艺作品的思想性和艺术性，必须把艺术性摆在前面，因为文学作品或其他艺术产品之所以能成为为人所喜爱的作品，其原因首先在其艺术性。没有艺术性，思想性再高再正确再伟大，最多也只能成为宣传品，而不能成为艺术品。有一些根本没有思想性或者至少也是思想性模糊不清的作品，只要艺术性强，仍然会为人们所喜爱。据说，在音乐中有没有思想性的作品，在文学中也不乏其例。比如李商隐的许多无题诗或有题而极端模糊等于无题的诗，谁也说不清其思想内容是什么，却照样脍炙人口，传诵千古。但是近几十年来几乎所有的文学史，都忽视了作品艺术性的分析。连李白和杜甫这样伟大的诗人，文学史的作者对他们的艺术风格的差异也只能潦草地说上几句话，很少言之有物切中肯綮的分析，遑论其他诗人。这样的文学史是不行的。因

此,我主张,中国文学史必须改写。

季羡林用具体的文学作品作为例证,对自己的重写文学史理论加以阐释。中国诗歌非常重视艺术性,将艺术感染力看成诗歌的生命。温庭筠的名句:鸡声茅店月,人迹板桥霜。没有太高远的思想性,但是却描绘了深秋旅人早起登程的寂寞荒寒之感和朦胧之美,到今天已经有一千多年,并没有失去其感人之处。这两句诗十个字列举了六件东西,全是名词,没有一个动词。用西方的语法来衡量,连个句子都成不了。这六件各不相干的东西平铺直叙地排列在那里。它们之间的关系一点也不清楚,换句话说就是模模糊糊。然而妙就妙在模糊,美就美在模糊。诗人并没有把这六件东西排好位置,他把安排位置的自由交给了读者。每一个读者都可以根据自己的经验或自己的理解,去任意安排位置。每个人的经验不同,所安排的位置也决不会相同。读者有完全的自由来放开自己的想象,美就在其中矣。反之,如果一定把六件东西的位置安排得死死的,这会限制读者的自由,美感享受从而为之减少。我认为,这就是东方综合的思维方式或者模糊的思维方式在文学创作中的表现。其优越性是显而易见的。同样,元代马致远的那一首著名的《天净沙》同样感人至深:枯藤老树昏鸦,小桥流水人家,古道西风瘦马,夕阳西下,断肠人在天涯。

季羡林认为,在中国文学批评理论中,"神韵"是一个异常重要的概念。无论是谈诗、论画,还是评品书法,都离不开它。南齐谢赫的《古画品录》中,在评品顾骏之的画时说:"神韵气力,不逮前贤;精微谨细,有过往哲。"唐张彦远的《历代名画记》中说:"至于鬼神人物,有生动之状,须神韵而后全。"严沧浪论诗云:"盛唐诸人,唯在兴趣,羚羊挂角,无迹可求,透彻玲珑,不可凑泊,如空中之音,相中之色,水中之月,镜中之象,言有尽而意无穷。"严沧浪《诗话》借禅喻诗,归于"妙悟"二字,及所云"不涉理路,不落言筌",又"镜中之象,水中之月,羚羊挂角,无迹可寻"云云,皆发前人未发之秘。此后历代都有人谈到神韵。比如苏轼、胡应麟、王夫之、王士禛、翁方纲等等，讲气韵的有谢赫的“气韵生动”，《扪虱新语》的“文章以气韵为主”等等。讲神的有《沧浪诗话》的“入神”等等。神韵一词儿，除了应用于文章、艺术等方面外，也用来评论人物，比如《宋书·王敬弘传》：“敬弘神韵冲简，识寓标峻。”到了清初神韵说的倡导者王士禛笔下才具有比较固定的含义。

可以说，中国诗歌意境妙在朦胧模糊，模糊朦胧之美迫使人们要具有整体把握、普遍联系才能升华为审美意象。西方强调概念清楚、科学，忽视了审美把握的整体性和鲜活性。这是由中西两种不同的思维方式、审美情趣所决定的，中国的“可以意会不可以言传”，主张“不立文字”的办法，西方人难以理解，所以，要特别注意中西方不同的语言特征，重新来撰写中国文学史。季羡林在新世纪读到了林庚教授的《中国文学史》和几本新出版的《中国文学史》，大为高兴。认为林先生从根底上来说是一位诗人，诗人气质极浓，他对中国文学的发展有许多奇妙的看法，他人难以望其项背。这几部《中国文学史》，有了全新的面貌，以前的弊端当然早已荡然无存。

季羡林认为，中国文艺理论而论，源远流长，极富特色，名著如林，作者如雨，但是使用的术语却有点不易捉摸。古代的先不必说了，从三国魏“文学的自觉时代”起，术语越来越多，表达的内容越来越深刻、细致。曹丕的“文以气为主”的“气”字；刘勰的“道”与“神”，还有“风骨”；钟嵘《诗品》的“滋味”与“文已尽而意有余”；唐司空图的“不著一字，尽得风流”；宋严羽《沧浪诗话》的“羚羊挂角，无迹可求”与“空中之音，象中之色，水中之月，镜中之象”；清王渔洋的“神韵说”，翁方纲的“肌理说”，袁子才的“性灵说”，直至王国维的“境界”“隔与不隔”；等等。充分说明中国的文艺理论确实有一个评论文艺作品的独特的角度、独特的方法，只有中国人才有的角度和方法。这些术语和理论对中国的专家来说，一看就懂，也确能体会其中含义，但是要他用比较精确的明白易懂的语言表达出来，往往说不出。这些术语给人一个印象，一个极其生动的印象,这是好的。要把这个印象加以分析,说说清楚,则力不从心,说不出来。这不能不说是一点不足之处。当代文论家的任务是要通过分析、比较,再加上对文艺心理学的深入研究,把中国、印度、欧洲三个地区文艺理论产生的历史过程,以及审美活动的理论和历史,加以比较和分析,然后才能逐渐把中国的文艺理论的一些术语,用比较明确的语言,说个清楚。把中国文艺理论体系的特点说个清楚,这个工作并不容易。

季羡林具体分析中国诗学理论的美妙境界。如"不著一字,尽得风流。"这意味着,字是说出来的东西,不著一字就是没有说出来,因此才尽得风流。"羚羊挂角,无迹可求。"羚羊挂角,地上没有痕迹,意味着什么也没有说出。

>>2001 年季羡林先生与中文系博士生们合影

"空中之音，相中之色，水中之月，镜中之象。"每一句包含着两种东西，前者是具体的，说出来的，后者是抽象的，没有说出来的，捉摸不定的，后者美于前者，后者是神韵之所在。"言有尽而意无穷。"言是说出来的，意是没有说出来的。"得意忘言。"与前句相同。神韵不在言而在意。此外，还有"蕴藉""含蓄"等，无不表示同样的意思。那一些被神韵家推崇的诗句，比如"兴阑啼鸟尽，坐久落花多"等等，这些诗句当然表达一种情景，但妙处不在这情景本身，而在这情景所暗示的境界，比如绝对的幽静，人与花鸟，物与我一体等等。这些都是没有说出来的东西，这就叫神韵。《沧浪诗话》中说："不涉理路，不落言筌者，上也。"这些都是在理路和言筌之外的，所以才能是"上也"。

至于王渔洋所特别推崇的以禅喻诗的做法，也同样在印度的韵论中找到回音。季羡林认为，在中国禅宗史上，几乎所有的大师在说法和行动中，都不直接地把想要说的意思表达出来，而是用一声断喝，或者当头一棒，或者说一些"干屎橛"一类的介于可解与不可解之间的话，来做出暗示，让自己的学生来参悟。在这里，关键在于听者或受者，老师说出来的或者做出来的，只是表面现象。没有说出来的或做出来的才是核心，才是精神，这样的核心和精神需要学生自己去顿悟。断喝一声有大道，一句"干屎橛"中有真理，这很有点像诗的神韵。这也是王渔洋等之所以喜欢以禅喻诗的道理。

季羡林先生在全球化时期为中国的诗学呼喊着它的合法性，并且努力阐明东方的中国文化和诗学所具有的美学魅力，进而对中华文化中国诗学的国际地位加以提升。在我看来，随着中国国力的增强，中国文化将在21世纪前一二十年成为西方关注的一个重要方面，因而寻求国际性审美共识框架，装入我们中国本土独特的审美意识、审美趣味势在必行。中国美学如果不与国际性统一的审美共识挂钩，中国美学如果仍是极端本土的，当不具有普遍性意义。寻找审美共识就是要寻找一种共识性的审美形式，这种审美形式负载着中华民族的的审美内涵。我不赞成一味地对中国传统加以质疑

（审父），这只是在后人不太能干时，面对祖父的财产发出的喟叹。我们应当自审自省而不应自嘲自虐。当传统在历史的岁月中已经成为经典时，我们当前遭遇到的是决裂与选择的双重困惑。我们决裂了什么，是决裂祖先吗？我们选择了什么，是选择西方吗？这是一个忽略不得的问题。其实，理论的播撒不是单方面的，不是中心向边缘的播撒，理论旅行也不是单方面的，即便是一个声波传过来也还会有回声。我们第三世界理论也要向中心播撒，因为理论旅行是互动的，关键在于创新。我们在新世纪必得思考这样一个关键性问题：当文化研究达到一个很高水平时，文学理论是否会消失？在我看来，在前现代时期，理论不太重要——它是对经验的总结，经验高于理论；在现代时期，理论与经验并置互动；在后现代时代，理论会在相当程度上超前。真正的艺术总是将形而下的东西减少到最少——将质料部分剔除之后剩下的纯意义形式。这一纯意义形式呈现出形而上的、纯净的艺术精神形式，引导人从自在的状态进入自为状态的艺术升华之途。

五、文学话语与政治话语问题

百年中国，问题纠结。诸如传统与现代、激进与保守、学术与政治、主义与问题、知识分子与意识形态、全球化与本土化、启蒙理想与后乌托邦现代化代价与当代人文精神等。使20世纪文化史、思想史成为问题生成史和话语变迁史。因此，当代中国文化只能从传统文化和西方文化的全新整合及当代转型中，重建新的语言符号系统，才有可能使社会转型所导致的文化危机得以减轻或消除。

在20世纪中国文化纷纭复杂的背景中，不断发生根本性的断裂和出现重复的问题，使问题的审理变得相当棘手。但是如果化约性地加以“现象学还原”，则大体上可以将20世纪中国分为五个“话语演进时代”。即：一、世纪初的10年代，是晚清的“传统转向现代知识话语时代”；二、20—30年代则可称为“自由学术话语时代”；三、40—70年代是“革命阶级话语时代”；四、80年代是“审美感性解放时代”；五、90代则可以称之为“解构游戏话语时代”。这样，本世纪可以分为“传统—自由—革命—审美—解构”五个话语时代的递进，其基本方向是从传统本土话语，走向张扬西学的学术话语。如果这种现象学还原可以成立，那么，五个话语时代的“根本问题”则相当惊人地重复出现，并形成愈演愈烈的当代景观和不断变异的政治话语范型。

季羡林通过对电影《武训传》和《早春二月》的批判，看到了艺术与政治的畸形关系。他回忆道：电影《武训传》由赵丹主演，这一部影片的罪名很大很可怕——武训是封建帝王的忠实走狗，为帝王的统治当帮凶，他那一套行乞的做法，比如趴在地上让人骑在他背上，以求得几文钱来办学等，都是蒙蔽迷惑别人的。总之，武训的目的是想延续封建帝王的罪恶统治，罪大恶极。赵丹的演技越超绝，起的作用也就越恶劣。“对于这些刀笔吏式的指摘和谴责，我无论如何也想不通。到了后来，这种指摘和谴责竟加到了历代家喻户晓、万人争颂的清官头上，比如包拯、海瑞等等，他们都成了人民的罪人。因为他们的清廉缓和了人民与最高封建统治者皇帝之间你死我活的矛盾，因此也就延长了封建帝王的统治。……江青乘批判《武训传》的机会，从多年的‘韬光养晦’中脱颖而出，顿时成为令人瞩目的人物，光芒四射，伏下了以后的祸机。原来毛泽东派江青赴山东武训的老家堂邑去调查武训的家世。……结果在《人民日报》上发表了一篇长达若干万字的‘调查报告’，把武训打成了地主狗崽子、地痞流氓，民愤极大，罪大恶极。批判《武训传》，一万个正确。从此，江青便也誉满天下、名扬四海了”。[①] 总之，对电影《武训

---

① 季羡林：《回到祖国》，见王岳川编《学问人生——季羡林自述》，山东友谊出版社2006年版，第136页。

>> 1998 年季羡林先生在全国政协会上发言

传》的批判，是一出不折不扣的闹剧，而且埋下了极其危险的祸根。十几年后出现的“文化大革命”，与此不无关系。季羡林对《武训传》事件的来龙去脉的清晰了解，可以看到他对这一问题的忧虑。可以说，如果政治过分干涉艺术，使得艺术变成政治的附庸，会伤害到艺术本身。

季羡林继续回忆道：批判《早春二月》是在西四西大街一所大院子里开始的。记得这是当时电影局所在之地。把一批文化界的人士邀请了去，先让大家看电影，然后座谈，并没有什么人告诉你葫芦里卖的或者想卖的是什么药，只是让你随心所欲地发表意见。“我的政治水平、思想水平和欣赏水平都奇低——也许并不低，因为过了几十年后，还是给《早春二月》平反了——我认为这部片子非常好，画面美丽，人情味极浓。如果我发言的话，我一定会大大地赞美一番的。可惜或者幸而我临时有事，提前离开会场，没有发言。过了不久，有人告诉我，在那一天发言赞美者都必须‘主动’写文章，批判自己的发言，因为这一部电影被定为‘坏片子’，是宣传资产阶级人道主义的。我这一次幸逃劫难，然而我却高兴不起来。”为什么季羡林逃避了批判斗争却高兴不起来？[①] 因为他作为一位有良知的人文知识分子，深感政治对艺术的戕害将使得这个民族的文化

① 季羡林：《回到祖国》，见王岳川编《学问人生——季羡林自述》，山东友谊出版社 2006 年版，第 137—138 页。

和民族遭受灭顶之灾。而且，批判之风一起，便决不会仅仅限于《武训传》，跟着来的是批判资产阶级学术思想。

首当其冲的竟是俞平伯的对《红楼梦》的研究。批判一经开始，便不会自动停下，它会像瓜蔓一样，四处蔓延。大概是因为胡适也研究过《红楼梦》，于是首先就蔓延到胡适身上。尽管他当时并不在大陆，而是在台湾或者美国，于是搞了一个缺席批判。“许多学人一哄而起，对胡适的方方面面都批判到了。因为他本人不在现场，人们批判起来，更用不着有什么顾忌。用的方法同以前一样，捕风捉影，无中生有，刀笔罗织，无限上纲。大家共同努力，演了一出杀鸡给猴看的闹剧。这场批判后来又扩散开来，牵涉到了许多有影响有造诣的著名学者，但并没有形成人人自危的局面，因为，达到被批判的水平并不容易，必须有相当高的学术地位，才有入选资格。尽管如此，一部分自认为有候选资格者，心中总是忐忑不安，空中好像悬着一把达摩克利斯之剑”。[①]

从中国文学史发展来看，真正的伟大作家之出现，多由于他们个人的不幸，比如司马迁遭宫刑，李后主亡国。中国古人说“诗必穷而后工”，指的就是这种现象。有些伟大作家遭逢乱离之后，才写出了不朽的作品，比如杜甫、李清照等等都是这样。这些文学巨人的出现，决不是由于经济高度发展，甚至可以说：适得其反，经济遭到破坏的时期反而能出大文学家。季羡林认为，批判之火烧到了适之先生身上，这是一场缺席批判。胡适远在重洋之外，乐得怡然观战。他的名字仿佛已经成一个稻草人，浑身是箭，一个不折不扣的“箭垛”，大陆上众家豪杰，个个义形于色，争先恐后，万箭齐发，胡适之先生兀自巍然不动。我幻想，这一定是一个非常难得的景观。在浪费

① 季羡林：《回到祖国》，见王岳川编《学问人生——季羡林自述》，山东友谊出版社2006年版，第173页。

了许多纸张和笔墨、时间和精力之余，终成为“竹篮子打水一场空”，乱哄哄的一场政治对艺术践踏的闹剧。

季羡林曾主编《胡适全集》并做长序。他认为，胡乱批判不能取代理性的学术研究。在中国近百年来的学术史上、思想史上、文化史上、文学史上，甚至教育史上，胡适都是一个举足轻重的人物，一个矛盾重重的人物，一个物议沸沸扬扬的人物，一个很值得研究而又非研究不行的人物。难能可贵的是，季羡林对自己有恩的胡适教授的研究非常冷静清醒，能够辩证地看待胡适在20世纪的功过是非。胡适最著名的两句话“大胆的假设，小心的求证”，但是对西域考古资料，他 却不甚措意，敦煌遗书也仅仅利用了一点关于神会和尚的资料。而在同时，中国学术界的诸大师，如王国维、陈寅恪等等则精心利用地下发掘出来的资料和敦煌遗书，写出了超越欧洲和日本学者

>>1999 年季羡林先生在台湾胡适纪念馆前留影

水平的文章。在对西方的反应方面，胡适仍旧向西方特别是向美国倾斜，在学术方面和政治方面，都是亲美派。这一点，坚持东方文化精神的季羡林是有自己的看法的。

胡适为旧小说写序作考证，在这方面胡适的影响很大。在旧时代，小说不能登大雅之堂。胡适对《红楼梦》的研究，使小说公然登上了文学的殿堂，同其他昔日高贵的文学品种平起平坐。但季羡林认为，至于他的《白话文学史》，则是失败之作。因为白话同浅显的文言并无泾渭分明的界限，反不如用模糊理论来解释——可惜当时这个理论还没有产生。胡适有时牵强附会，甚至捉襟见肘，不能自圆其说。他的《中国哲学史》始终没有写完，晚年虽立下宏愿大誓，要把它写完，可惜留下了一部“未完成的杰作”。胡适先生在学术问题上有时候偏激得离奇，比如对中国的骈文，他说“有欠文明”。他认为“四六”体起标点符号的作用，“他把中国中古期文章体裁说成‘鄙野’或‘夷化’，因为它同古代老子和孔子所用的体裁完全不同，同后来唐宋八家的古文也迥然有别。他拿欧洲‘修道士的拉丁’和印度的‘沙门梵文’来相比。前者我不懂，后者则完全不是这么一回事。我认为这是一位极其谨严的学者的极其可怪的偏见”。①

季羡林对文艺和政治的关系有自己的判断。他更欣赏艺术精神与文化精神的互动，而不是艺术与政治的纠缠。因为，从深层次看，艺术精神与文化精神相关，艺术具有深广的文化语境。人类用艺术感性方式进入对精神追求的表达，这种感性的审美方式区别于其他如哲学、宗教的精神追求方式。这种精神追求是在摆脱了人的自在状态进入自为状态的生命活动，随着意识的发展而不断变化。世界不断地向人的心灵提出新问题，人的心灵

① 季羡林：《应还胡适以本来面目》，见王岳川编《季羡林学术精粹》第四卷，山东友谊出版社2006年版，第399页。

>> 季羡林先生在台湾为胡适扫墓

不断地回答这些问题。或许可以说,艺术精神是对世界所提出的问题的一种感性的把握,即用感性的方式所做出的从自在到自为地对世界的把握。艺术精神属于文化精神中最为活跃的部分,其审美超越性能使人从日常经验中挣脱出来,进入艺术的审美经验中,从而使人在艺术和现实两个世界的"出入"中,达到日常经验质的变化和人格心灵的净化。只有艺术价值才给文化世界带来审美的意义,如果一个世界丧失了精神审美的价值,这个世界就昏昧不明而无透明性可言。

六、学者散文的深情冷眼

当今中国文化界的散文种类繁多:女性散文、学者散文、历史散文、文化散文、情感散文、生活散文、日常散文,还有写"我的鼻涕""一地鸡毛式"的反文化散文。我把季先生的散文称为“学者散文”。他的散文不仅是文学家的散文,而具有了哲学家和思想家的风采和锐利。

季羡林有两只笔,一支笔写学术论文和著作,一支笔写散文随笔。这使得他在学术研究上“一览众山小”,在散文创作上,也“语不惊人死不休”。季羡林的散文大抵属于学者散文,换一支笔也换一种思路、一种情性。但是创作散文一点也不轻松,用季羡林的话说,是“惨淡经营,简练揣摩,煞费苦心”,足见作者的严肃认真态度。

季羡林究竟写过多少篇散文?据不完全统计大致有以下散文集:《因梦集》《天竺心影》《朗润集》《燕南集》《万泉集》《小山集》《留德十年》《怀旧集》《赋得永久的悔》《我的心是一面镜子》《朗润琐言》《梦萦未名湖》《人生漫笔》《清塘荷韵——学者随笔八人集》《缀玉集》《漫谈人生》《千禧文存》《新纪元文存》《牛棚杂忆》等近二十部散文集,除去各集散文有少量的重复收入,总计约三百余篇。其数量之多涉及之广也是颇为惊人的。

真情实感加上惨淡经营,构成了季羡林散文的美学特征。季羡林在《漫谈散文》中说:散文的精髓在于“真情”二字,这二字也可以分开来讲。真,就是真实,不能像小说那样生编硬造;情,就是要有抒情的成分。即使是叙述文,也必须有点抒情的意味,平铺直叙为我所不取。在《追求一个境界》中季老写道:散文写作讲究谋篇布局,炼字铸句,借用杜甫的“意匠惨淡经营中”,称此派为“经营派”,都是杜撰的名词。在中国文学史上,散文大家的传世名篇无一不是惨淡经营的结果。

散文是对生命历程的生命诗意记录,季羡林面对多姿多彩而又充满坎坷曲折的的生命历程,具有清澈的童心和真挚的情思,世界对他呈现出来并变得更加明晰,当他具有超迈的慧眼和形而上之思,就能洞悉人性的深度而大爱无疆,当他具有铮铮侠骨,其刚性的原则使他获得人性的光辉,当他具有深沉的柔情,就会在不忍之心中将爱心广被万物。

1980年,季羡林为香港文学研究会出版《季羡林选集》(散文选集)写的《跋》中说:"我们写东西,在一篇文章中最好不要使用一种风格,应该尽可能地把不同的几种风格融合在一起,给人的印象就会比较深刻。……一定要使一篇散文有变化而又完整,谨严而又生动,千门万户而又天衣无缝,奇峰突起而又顺理成章,必须使它成为一个完美的整体。我的意思就是说,要像谱写交响乐那样来写散文。"

读了季老这段话,我想起曾经读韩国金容沃《石涛画论》的感动:"艺术创作的本质不在于笔,而在于笔传达的永恒;不在于墨,而在于墨引发的时空。艺术创作的本质不在于山,而在于静寂的本质;不在于水,而在于生命的活跃性。艺术创作的本质不在于古本身,而在于它拥有的原初性和开放性;不在于今本身,而在于它创造了坦坦荡荡的我的瞬间自由。"当今世界,我们面前有了金山银山,但是失去了绿水青山。人们的钱包鼓了起来,灵魂却瘪了下去。没有灵魂,人就会变得轻飘飘。季羡林散文在深沉的历史剖析中,隐含对现实的批判。现代人丧失了对不可企及、不可确知的未来的一种本真担扰,过去千载悠悠已逝,来日千年又默默而至,在这夹缝中的人们现在活着,岂能毫无隐忧?忧虑使人思索,思索预示着命运的深度。反之,倘若我们对未来、对一切都了如指掌而按部就班去过那样的生活,我想是相当乏味的。

季羡林作为学者散文的代表人物,坚持散文情感魅力之中必须寓有哲理。仔细考察,他的散文充满忧国忧民的情怀和洞穿世俗的眼光,基于他国学根基深厚,多种外语的驰骋运用,一生艰难敢吐真言,仁厚心境恪守中庸,这些统统表征在散文中:举重若轻而又文含深意,臧否人物而又留有余地,时出锐利而又旷达宽容,信手拈来而又令人唏嘘。

忧国忧民的是一切正直知识分子的秉性所在。我认为,季羡林秉承了诗人杜甫忧国忧民的道统,将个体生命无常的有限性从浩渺的宇宙时空之中抽离出来，从而形成巨大的审美反差：生命的有限性将人从永恒的时间之维中带出，而还原为一种拂之不去的人生飘逝感；个体的渺小将人从广漠无边的宇宙境界中震醒，而产生出无限大与无限小冲突中的人的不自由感。于是诗意的张力场随每个人的体验不同而形成不同的螺旋结构，在心灵震慑的刹那，完成了对宇宙人生的痛苦反思和认同。我们知道，杜甫诗歌强调境界之"高"、情感之"深"，季羡林更进了一步，还加上了视野之"大"，他的散文在这种深沉的大爱中，情不自禁地赞美中华文化辉煌和走向新世纪的更大辉煌：

一是境界高。季羡林的散文中没有世俗的隔靴搔痒或一般文人的无病呻吟。其叙述呈现给我们的是深情冷眼地面对历史和人物，令人悲欣交集。他的笔通过描写一个个国学大师幽微的心境和鲜为人知的细节而提升出高境界，而他本身的精神境界已然清景无限。他通过这种高境界和国学大师对话，只有同样高的两座山峰并峙，才能发出"相见两不厌，只有敬亭山"之叹，那些精神侏儒是很难和高山之境对话的。

二是情感深。情感可以把境界、世界、眼界点活，让它们变得生动、流畅、灵活、入木三分。季羡林说："真正理解一个人的，不是他的同志，不是他的亲人，而是他的对手。"这一点，颇有历史智慧之眼，看似简单，但举重若轻。他谈到胡适的小儿子胡思杜被划为右派，不久自杀，季羡林连续说了两个"可惜了"，后面笔锋一转："大人物治大国若烹小鲜，艺术之至也可以说是轻佻之至，而小人物为什么不能学一两招消灾化厄的绝招。"其实，这是他对中国知识分子悲惨命运和被玩于大人物股掌中的一种深切的哀悼，在看似不经意中表露出了作者深情冷眼的喟叹。

二是视界宽。季羡林的抒情散文或追忆师友深厚情谊而热泪盈眶，或思念母亲养育之恩难图一报而五内俱焚。其学者散文或追忆往事，或论辩是非，或反省自我，或歌颂先贤，往往涉及到的经、史、子、集的内容，内涵宏阔。他对人类文明史十分熟悉，往往信手拈来，皆成妙文，其间娴熟运用经史子集、文史考古、书画艺术典故和原文，眼界之大，用力之深，于此可见一斑。

七、书法审美与学者书法境界

作为知识分子的季羡林和作为作家的季羡林已经为人们所熟知，但作为学者书法家的季羡林却鲜为人知。季先生一生致力于学术，书法似乎在他的学术生涯中并不占很重要的位置。但是，这并不意味着季先生对书法没有自己的独特审美感受和学术尺度。恰恰相反，我在数次与先生谈论学者书法的过程中，能深切地感到他对中国书法作为国粹和中国文化独特代表的深度认同和身体力行地创作。季先生对学者书法有颇新颖的认识："学者书法有自己的历史，起码清华过去有梁启超，北大过去有沈尹默等。学者书法不仅讲求书法的典雅清正，而且要求书法具有深厚的文化意味，学者书法不仅是艺术，而且是文化，同时也是学者对汉文字的美化和文化化。从学者书法作品中可以看到学者的文化修养和宽宏眼界。好的书法给人精神和身体带来双重好处，使学者身心健康。看怀素狂草，使人心花怒放，看邓石

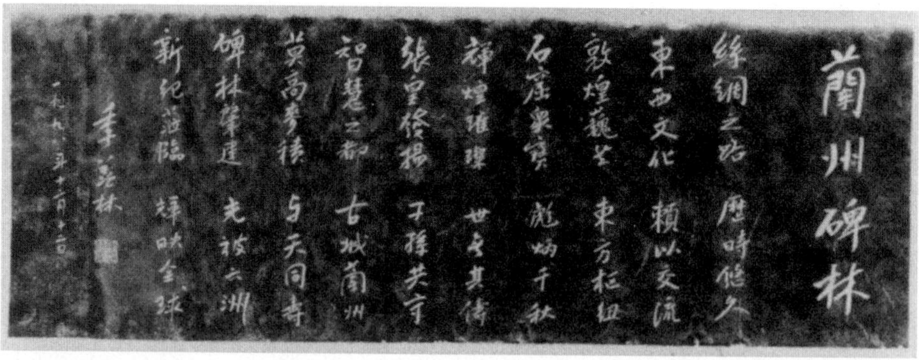

>> 季羡林先生书法

如书法，惊心动魄，看吴昌硕墨荷的笔墨，精神和身体双重振动！”书法家的标准不在于他是否加入了书法家协会，而在于他对中国书法的思考和推进的深度，以及创新和传承的力度。季老在题写的兰州碑林中，撰写了长篇精美的碑文阐释其丝绸之路的历史意义和东西方交流价值：“丝绸之路，历时悠久，东西文化，赖以交流。……”其中的历史深度和学术眼光同一般的文人墨客的题咏判若霄壤。而壬午年病中所书《浣溪沙》一阙，流畅生动，线条精美，结体自然，蔚为大家风范。完全不像一位91岁的老人所书。真可谓在思想学术大树旁，无心插柳柳成行！

季羡林一生的写作大部分是用毛笔。这基于他这样一种文化自觉：全世界文字可以成为审美的艺术——书法艺术，只有中国，别的国家没有专门的书法艺术。中国是书法的原创国，欧美的拼音文字一般不能成为专门的书法艺术，穆斯林国家的文字有画画的意味，但是仍然不能成为书法。弘扬中国文化，其中最重要的一部分就是弘扬书法文化，书法有实用和艺术功能，但更重要的是其还有文化传承和生命陶冶功能。这是中华文化的独特之处。在中国的优秀传统文化中，书法实在是占有很重要的地位。

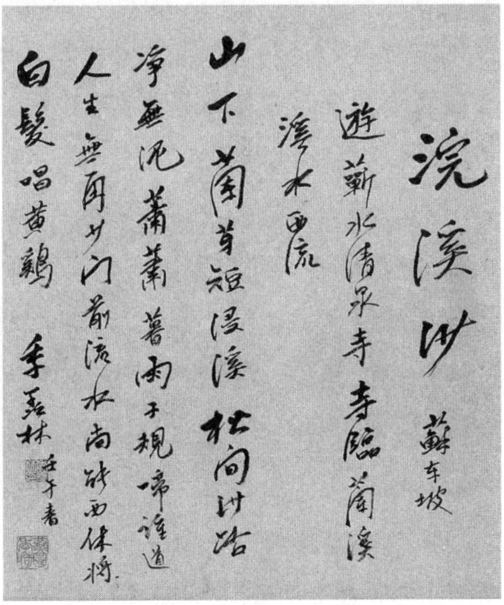

>>2002 年季羡林先生书法

书法归书法，应用归应用。季羡林认为文字当然要变，这没问题。从甲骨文到大小篆到隶书都在变，但是由政府来指定变的，秦始皇指定过，一般都是由老百姓开始。我们现在简化字的问题不少。如“前後”的“後”和“皇后”的

“后”,“雲彩”的“雲”和当说讲的“云”,老出问题。第五批简化字撤消了。为什么取消了呢?当时是根据同音代替。同音代替,然后就可以变成把汉字取消了。同音代替怎样解决?如“元”“圆”都用“元”。“元旦”是过新年的元旦,还是圆圆的鸡蛋。这是一种“左”的表现。文字改革都经过人民代表大会决定的,不是随便改的。通过人民代表大会把第五批简化字取消了,把同音代替取消了。要不然用到现在的话,将造成大混乱。至于美术字,毛泽东并不主张不用汉字,就象画画一样,追求线条的美,是艺术的汉字。

王羲之字的美我形容不出来,就是感觉着好。书法需要严谨的基本功训练,学者写书法也不例外。学写字必须从楷书入手,横平竖直,有法度规则。现代有的书法家包括不少日本书法家不重视楷书,也不重视行书草书的规则,这样写出来的字不注意的话就是“鬼画符”,很不美。看不美的所谓的书法作品,自然感到心里难受。

学者书法有文化建设意义,不仅老年学者可以多练,中年学者和青年学者都应该好好练习书法,不仅对自己有百利而无一害,而且对中国的书法事业同样有百利而无一害。学习书法艺术,不仅需要天赋,更需要勤奋。今天的学者书法展有中年学者参加,表明学者书法后继有人。希望中国的老中青几代学者和青年学生都热爱书法,愿学者书法精神在中国不断发扬,愿中国书法教育和书法艺术继往开来不断发展。季老认为,大学书法不仅讲求书法的典雅清正,而且要求书法具有深厚的文化意味。在我看来,以王羲之为代表的书风表达了中国书法精神中极为精致的文化品位,是形式和内容的协调完美,应该成为大学书法的主流,在此基础上,兼容并包而推陈出新。可以说,大学书法不仅是艺术更是文化,也是学者们对汉文字的美化和文化化。从毕业展作品集充满文化气息的作品中,可以看到北京大学书法的文化风貌和学术精神。从学者书法作品中可以看到学者的文化修养和宽宏眼界,当然学者书法要达到很高的境界也要向书法大师学习。好的书法作品给人精神和身体带来双重好处，使学者身心都豁达健康。学者书法不仅讲求书法的典雅清正，而且要求书法具有深厚的文化意味，学者书法不仅是艺术，而且是文化，同时也是学者对汉文字的美化和文化化。弘扬中国文化，其中最重要的一部分，就是弘扬我们书法文化，书法不仅有实用功能，还有艺术功能和生命陶冶功能。这是中华文化的一个独特之处。

第五章 文化研究与多元共生

中国文化是当今世界上唯一未曾中断的文化形态。早在商朝时中国文化就已经发展成亚洲诸文化形态中最辉煌的文明形态,而世界上其它文明的地基则出现了深刻的裂缝:在美索不达米亚,巴比伦人在承传苏美尔文化遗产的同时,却被迫臣服于部落民族而使得文化产生了断裂;克里特岛上空前繁荣的米诺文化,竟然迅速地销声匿迹;尼罗河两岸,法老们的威仪仅仅延续了几个世纪,就在内忧外患中使文明拓展功亏一篑。在世界最初的几大文明中,只有中国在历史的消长起伏中,以其薪火相传的绵长文化传统,成为整个世界文明史中仅存的硕果。

历史文献不是一堆"死的文化"或文化的"死的记录",相反,文献中体现的文化,是历史的"人化"与"化人"的历史。传统文化只有不断成为新的文化传统,才能使文化传承流布。文化价值主要功能是表达心灵境界和精神价值的追求,反映生命时代本质特性和走向未来之境的可能性。传统思想对当代思想是一种规范和砥砺,而当代文化思想定位则是对传统文化精神的审视和选择的一种深化。文化正是在选择和再生中不断提高选择主体——现代人的文化素质。文化之根系乎人,文化目的则是为了人和人自身的价值重建。作为文化精神核心的艺术，是对主体生命意义的持存，对人类自由精神的感悟，对人类精神家园的守护。中国艺术是中国文化写意达情的象征符号，是中国文化意识的凝聚，是自由生命之“道”的本体活动。正是在这个意义上，可以认为，中国传统文化的现代转型是文化转型的一个重要标志。它不仅标志着传统中国文化对现代人文化审美意识的重塑，而且也标志着现代开放性使中国文化成为走向世界进行文化对话的当代话语。

一、大胆提出“河东河西论”

季羡林先生的文化理论观是多元文化观，反对单边主义和霸权主义。他认为，20世纪初，有人提出了“全盘西化”的口号。今天还有不少人有这种提法或者类似的提法。提这个口号的人动机是不完全一样的。有的人出于忧国忧民的热忱，其用心良苦。但也可能有人别有用心。季羡林指出，人类历史证明，全盘西化（或者任何什么化）理论上讲不通，事实上办不到。在全球化当中，反对西方对东方的文化挤压和文化侵略，对国内文化，保持一种多元开放态度，认为齐文化、鲁文化、楚文化、长江文化、少数民族文化、在新

>> 季羡林先生

疆汇合的多元文化构成中国文化主题构架。在季羡林先生看来，过去我们只重视汉族的文化，这是不对的。而且汉族文化过去只重视黄河文化，而不重视长江文化和其他地域文化，这也是不对的。中国传统文化我们过去只重视鲁文化，重视儒家文化，同样是不对的。

1989 年，季羡林发表了《从宏观上看中国文化》的文章，引述了汤因比和池田大作的对话，针对国内一些人贬低中国文化的情绪，提出东西文化的关系从几千年的历史上来看是"三十年河东，三十年河西"。① 大胆提出"河西河东论"，对整个世界的东西文化未来走向做了清晰地预判。1990 年，他发表《21 世纪：东西文化的转折点》，再次对中西文化特征，文化本性的善恶，以及东西方文化对世界的贡献做了阐释，明确提出"三十年河东，三十年河西"是人类社会发展的基本走向——辉煌了二三百年的西方文化已经是强弩之末，它产生的弊端贻害全球，并将影响人类的生存前途，20 世纪末可能是由西向东的转折点。他提出了"不薄西方爱东方"，东方文化将再现辉煌的"河东河西论"，在整个学术界产生了巨大影响和此起彼伏的争论乃至论战。

季羡林全然不顾那些顽冥不化的全盘西化者的攻击，坚持认为，"三十年河东，三十年河西"是人类社会发展不可违背的基本法则。"西方形而上

① 《季羡林文集》第 6 卷，江西教育出版社 1996 年版，第 352 页。

学的分析已快走到尽头，而东方寻求整体的综合必将取而代之。以分析为基础的西方文化也将随之衰微，代之而起的必然是以综合为基础的东方文化。”为了减少误读，他进一步阐述了为什么说21世纪西方文化将会让位于东方文化的理由：由于两种文化思维方式的差异和西方社会近几十年的衰落，必然导致西方文化的高势位的丧失，取代衰落西方的是不断崛起的东方文化：“东方的思维方式，东方文化的特点是综合；西方的思维，西方文化的特点是分析。……在西方，从伽利略以来的四百年中，西方的自然科学走的是一条分析的道路，越分越细，现在已经分析到层子（夸克），而且有人认为分析还没有到底，还能往下分。东方人则是综合思维方式，用哲学家的语言说即西方是一分为二，东方是合二而一。”“西方是‘头疼医头，脚疼医脚’，

>> 1981年季羡林先生重访德国哥廷根大学

‘只见树木，不见森林’；而东方则是‘头痛医脚，脚痛医头’，‘既见树木，又见森林’。说得再抽象一点：东方综合思维的特点是：整体观念，普遍联系；西方的分析思想模式正相反。”①

近几十年来，西方个别的有识之士也认识到西方的危机。两次世界大战都爆发于欧美白人之间。如果自己的文化真正像一些人吹嘘的那样完美无缺，这自相残杀的根源又是从哪里来的呢？他们开始怀疑自己文化的价值，他们也不再迷信自己的文化会万岁千秋地延续下去，所谓“天之骄子”不过是自欺欺人的一句口号。在这些人中的佼佼者也寄希望于中国文化与东方文化。但是，不足或遗憾之处是，他们中哪一个人也没有提出东西方文化之间三十年河东，三十年河西的看法。东方思维方式从整体着眼，注意事物之间的联系，更合乎辩证法；而西方则是只见树木，不见森林，头痛医头，脚痛医脚，注意整体不够。十分明确地提出东西文化之间存在着盛衰消长的“河东河西论”问题的，季先生可以说是开创者。

报刊上有一些文章，对季羡林先生的“三十年河东，三十年河西”“中国文化复兴”“送出主义”等说法提出了批评，坚持全盘西化立场，反映出当代知识界对中国现代性的两种截然不同的观点。但我不认为季先生的看法“可笑”，倒认为是可爱的。它体现出一种本土家园意识和人类资源共享意识。因为我们不能总依赖别人，靠知识输血过日子，而要有自己的文化精神生长点。中国文化复兴的提出不是一个伪问题，而是全球化语境中中国文化新世纪创造性问题。与文化创造性相对的是“文化挨打性”，从19世纪中叶以来整整一个多世纪，中国文化都一直处在被动挨打的境况下。要化挨

① 季羡林：《21世纪：东方文化的时代》，见季羡林著《季羡林谈乐西方文化》，当代中国出版社2015年版，第24页。

打为对话，化挪用为创造，化文化拿来为文化互动，需要几代人的努力。全盘西化或只想脱亚入欧的人毕竟是少数，大多数人还是不赞成全盘西化——在全球化同质化中还有一颗中国心。正如李慎之先生说："我是一个一直做着'中国文艺复兴之梦'的人。我希望且相信，中国文化首先是哲学会在21世纪有一个大的发展。不过，我认为要做到这一点，中国文化自己必须要下一番去腐生新、推陈出新的功夫，要能吸收其他文化的长处，首先是要能包容、消化一直超越与自己对立了这么些年的西方文化。"①

西方人鼓吹"全球化"，其实全球化是东方世界一个充满痛苦的历史记忆，但又是无法回避的现实语境。② 当今世界，中国已经进入世界贸易组织的时代，这意味着各国之间在交换价值和经济制度上认同的逐渐整合为一体，表征为对以自由、平等为核心内容的民主价值的趋同，以及保障自由、平等、人权充分实现的民主制度的世界化。参与全球化过程对于中国这样的发展中国家来说已经不是愿意不愿意的问题，而是怎样选择时机和自己的方式问题。在我看来，全球化是一个逐渐尊重差异性的过程。亨廷顿提出"文明的冲突"，人们已经耳熟能详。需要关注的是，是什么原因使同一种文明内部发生重大的断裂和冲突？全球化为什么是一个尊重差异性的过程？

季羡林认为，西方自尊为大，想当然地认为西方文化影响并统治了整个世界。事实上，中国文化曾经深刻地影响西方。中国经籍西传，不但影响了欧洲哲学，而且也影响了欧洲政治。在德国，莱勃尼兹与华尔弗利用中国哲学推动了德国的精神革命。在法国，思想家们则认为中国哲学为无神论、唯物论与自然主义，三者实为法国大革命之哲学基础。法国的启蒙运动，也是

---

① 李普主编《怀念李慎之》，下卷，北京，2003年版，第31页。

② [英]约翰·汤姆林森著，郭英剑译：《全球化与文化》，南京大学出版社2002年版。

以反宗教为开端。形成这种反宗教的气氛者,归根结蒂是中国思想传播的结果。法国大革命前夕,中国趣味在法国以及整个欧洲广泛流行,宫廷与贵族社会为中国趣味所垄断。中国趣味对法国政治之影响,概可想见了。①

百科全书派把反宗教和鼓吹革命的思想注入所撰写的百科全书中。他们与中国文化有深刻的接触。但因认识中国之渠道不同,对中国的意见也有分歧。季羡林指出,孟德斯鸠与卢梭谈的多是欧洲旅客的游记等,对中国遂多有鄙薄之论。荷尔巴旭、服尔德、波勿尔、魁斯奈等等,所读多是耶稣会士之报告或书札,对中国文化多有钦慕之意。孟德斯鸠著《法意》第一卷第一章,给法律下定义,提出"万物自然之理",主张"有理斯有法",完全是宋儒思想。服尔德七岁即在耶稣会士主办的学校中受教育,对中国文化无条件地赞赏,在自己的小礼拜堂中,供孔子画像,朝夕礼拜。他认为,孔子所说:"仅为极纯粹之道德,不谈奇迹,不涉玄虚。"他说:"人类智慧不能获得较中国政治更优良之政治组织。"又说:"中国为世界最公正最仁爱之民族。"他还根据《赵氏孤儿》写了一部《中国孤儿》。第德洛对中国有批评意见,但认为中国文化在各民族之上。卢梭承认中国为文明最高古国,但他认为文明并非幸福之表记,中国虽文明,而不免为异族所侵凌,他是"文明否定论者"。中国思想除了影响了上述的哲学家之外,还影响了所谓政治经济学上的"重农学派"。这一学派以自然法代替上帝的功能。他们倡导"中国化",不遗余力,甚至影响了国王路易十五。英国经济学家亚当·斯密受了法国思想家的影响,在《原富》一书中应用中国材料颇多。在德国,中国影响同样显著。大文豪歌德是一个突出的代表。哲学家也深受中国思想影响。莱勃尼兹、

---

① 季羡林:《从宏观上看中国文化》,见王岳川编《季羡林学术精粹》第一卷,山东友谊出版社2006年版,第23页。

>>1985 年季羡林、王力、朱德熙、侯宝林等先生出席中国语言学会第三届年会

斯宾诺莎，上面已经谈到。其他哲学家，康德、菲希特、谢林、黑格尔等，都受了莱勃尼兹的影响，也可以说，间接受了中国影响。叔本华哲学中除了有印度成分外，也受了朱子的影响。①

在我看来，季羡林的研究结论是中肯的，实事求是的。西方文化受东方文化影响殊深，甚至可以说，欧洲文明来自东方。古希腊人继承了埃及、巴比伦和东地中海沿岸各古老文化并加以发扬，很快达到了奴隶社会科学技术的高峰；希腊罗马文化的理性精神有着东方的痕迹；15 世纪末、16 世纪初，拜占廷传来的古希腊文献的手抄本，以其独特的理性力量使人们从神学的蒙昧中清醒过来。中国印刷术的传入和知识的平民化，使得文艺复兴时期弘扬的人文主义理想，赞扬人的伟大价值，重视人的尊严，成为西方人觉

① 季羡林：《从宏观上看中国文化》，见王岳川编《季羡林学术精粹》第一卷，山东友谊出版社 2006 年版，第 23—24 页。

醒和高速发展的契机。有历史学家认为:“我们之所以由东方开始,不是因为亚洲乃我们所熟知为最古老文明之地,而是因为亚洲的文明形成希腊与罗马文化的背景与基石,而梅因(Sir Henry Maine)却误以为希腊与罗马文乃是现代文明之源。当我们获知大多数重要的发明、经济与政治组织、科学与文学、哲学与宗教,都是来自埃及及东方时,我们定会惊讶不止。当此时——即当欧洲文明优势迅速结束时,当亚洲复苏日渐扩大时,以及20世纪的主题似乎注定是东西方之间卷入全面冲突时——我们传统历史之本位主义,叙史必始自希腊,把亚洲也归入此一线之内,不仅是学术上的谬误,而且也可说是前途与智慧的致命败笔。未来要面对太平洋,能如此,才能由那一地区而对历史获得理解。”①

进一步,季羡林认为,东西双方都要从历史和地理两个方面的宏观上来看待中国文化,决不能囿于成见,鼠目寸光,只见片段,不见全体;只看现在,不看过去,也不看未来。中国文化,在西方人士眼中,并非只有一个看法,只有一种评价。十六七世纪以后的情况,也就能给我们许多启发。这一段时间,在中国是从明末到清初,在欧洲约略相当于所谓“启蒙时期”。在这期间,中国一方面开始向西方学习;另一方面,中国的文化也大量西传。关于这个问题,中西双方都有大量的记载。②英国史学家汤因比主张,每一个文明(文化)都有一个诞生、成长、兴盛、衰微、灭亡的过程,哪一个文明也不能永垂不朽。

我认为,中国的四大发明对西方影响深远。火药武器为西方城市市民用大炮轰开贵族城堡立下了汗马功劳;而如果没有印刷术传入西方,文艺复

---

① 威尔·杜兰著,幼狮文化公司译:《世界文明史·东方的遗产》,东方出版社1999年版,第3页。
② 方豪著:《中西交通史》第五册,华冈出版有限公司1977年第六版。

兴就是不可想象的事情;没有指南针当然就不可能有地理大发现。然而,悲剧性问题在于,在西方迅速近入现代化的时候,近代缓慢发展的东方古国却渐渐落后于西方现代性。中国早在战国时期农村社会就出现了一些类似资本主义的现象,《史记·货殖列传》中有不少这类描写。中国在近代发展缓慢,而西方拓海开疆,高速增长。如:中国的纺织工具由手摇纺车到多锭纺车的发明经过了1300年,而西欧从手摇纺车到多锭纺车、自动纺车出现只相距二百多年,比中国少1100年。中国从春秋末期公元前600年开始炼生铁,到15世纪冶炼设备同西方相当,中国用了2100年,而西欧仅仅用了四百多年。绝对王权在中国存在了2100年(从秦始皇到晚清),而西欧存在最长的也只有几百年的历史。① 西方人看中国,不仅是一个令人眼花缭乱的东洋镜,还是一个不同立场的人从中找到社会变革的药方或者自己理论依据的思想库。孟德斯鸠从自己的政治理想角度,关注中国思想,希望找到对自身文化范式有用的文化资源;伏尔泰为了抨击天主教教义,从中国儒家尤其是孔子学说中找到新的理论范式,对中国文化进行了重塑;莱布尼兹对中国文化进行了多方面的研究,为自己的思想蓝图找到了新的背景。无疑,他们在吸收异质文化后的变形中分享了中国思想刚健清新的文化精髓。②

二、人类“四大文化体系”的演化

为了深入阐释清楚“河东河西论”,季羡林将人类文化划分为四个大的体系。认为文化是不同地区不同民族创造出来的,但是归根结蒂,这些文化

① 郝侠君等主编:《中西500年比较》,中国工人出版社1996年版,第14页。
② 参王岳川著:《发现东方》,北京图书馆出版社2003年版。

却形成了或者结成了一些规模比较大的四个文化体系：一、中国文化体系（其中包含日本文化，后者有了某些改造与发展）；二、印度文化体系；三、古希伯来、埃及、巴比伦、亚述以至阿拉伯伊斯兰闪族文化体系；四、古希腊、罗马以至近现代欧美的印度欧罗巴文化体系。其中有可分为：包括一、二、三个文化体系的东方文化体系；一个是西方文化体系。两大文化体系相同的地方是，都为人类造福，都提高了人类的生活和享受水平，都推动了人类社会的发展。有人可能说，埃及和巴比伦的文化也是非常古老而又有影响的，为什么不能单独列为文化体系？季羡林认为，这两地的古代文化久已中断，阿拉伯伊斯兰文化继承了它们的一些东西，因此可以归入这个文化体系。同样，美国可以归入欧洲文化体系，不能成为独立的文化体系。

季羡林强调，两大文化体系不同的地方，表现在很多方面。但是，最根本的不同却表现在思维模式方面，这是其他一切不同之处的基础和来源。一言以蔽之，东方文化体系的思维模式是综合的（comprehensive），而西方则是分析的（analytical）。正如人类只能有东西两大文化体系，人类也只能有两个思维模式，不能有第三个。这种二分法，好像是大自然以及人类思维的一个基本原则。中国《易经》讲乾坤，也就是阴阳。自然界有日月、昼夜；宗教哲学伦理有光明与黑暗、善与恶，等等。所谓综合思维，其特点可以归结为：整体概念与普遍联系。用一句通俗的话来说，就是既见树木，又见森林。用医学来打个比喻：头痛可以医脚，反之亦然。所谓分析思维，其特点就是抓住物质，一个劲地分析下去，一直分析到基本粒子。是不是还能再往下分呢？在这里，科学界和哲学界意见都有分歧，一派主张物质无限可分，一派主张有限。这种分析的思维模式，用一句通俗的话来说，就是只见树木，不见森林。再用医学来作比喻，就是头痛医学，脚痛医脚。这样形成的文化体系是一个客观存在，不是哪一个人凭主观想象捏造出来的。这并不是说，哪一个体系比哪一个优越、高明。我们反对那种民族自大狂，认为惟独自己是文化的创造者，是"天之骄子"，其他民族都是受惠者，因为这不符合实际情况。

>> 2001 年季羡林先生在书房

我注意到，在现代性光谱中，"东方"已经丧失了立法和阐释的权力。日本学者竹内好说："过去的东方既没有理解欧洲的能力，也没有理解其自身的能力。理解东方并改变它的是处于欧洲的欧洲性。东方之所以成为东方就是因为它被包含到了欧洲之中，不仅欧洲只有处于欧洲中才能被实现，就连东方也只有处于欧洲中才能被实现。"[①]有学者想通过揭示两种语言对译中所遮蔽了的迂回输出传播背后的权力支配关系，但由于过多地采用后殖民主义中"理论旅行"的理论，使得原本相当复杂的跨语际实践的"互译性"，变成了以西方为中心的文化单向渗透和塑造的"单译性"，[②]并有可能肯定了这些压迫关系所依赖的价值标准存在的合理性。[③] 毫无疑问，季羡林的东西方文化体系论，将重新使整个世界重新认识东方。

季羡林指出：东方的三个文化体系之间有什么差异之点，又有什么共同之处呢？过去的论者往往集中精力谈东西文化之比较，专谈东方文化者少。

---

① 竹内好：《何谓现代——就日本和中国而言》，见张京媛主编《后殖民理论和文化批评》，北京大学出版社 1999 年版，第 450 页。

② 参刘禾著：《语际书写——现代思想史写作批评纲要》，上海三联书店 1999 年版。

③ 杨念群著：《中层理论——东西方思想会通下的中国史研究》，江西教育出版社 2001 年版，第 264 页。

有人主张，东方的是精神文明，西方的是物质文明，似亦简单而笼统，好像还没有搔着痒处。严复详细地分析了东西文化之差异。他说：“中之人好古而忽今，西之人力今以胜古。中之人以一治一乱、一盛一衰为天行人事之自然；西之人以日进无疆，既盛不可复衰，既治不可复乱，为学术政化之极则。……中国最重三纲，而西人首明平等；中国亲亲，而西人尚贤；中国以孝治天下，而西人以公治天下；中国尊主，而西人隆民；中国贵一道而同风，而西人喜党居而州处；中国多忌讳，而西人众讥评。其于财用也，中国重节流，而西人重开源；中国追淳朴，而西人求欢虞。其接物也，中国美谦屈，而西人多发舒；中国尚节文，而西人乐简易。其于为学也，中国夸多识，而西人尊新知。其于祸灾也，中国委天数，而西人恃人力。”（《论世变之亟》）这样的对

>> 季羡林先生与费孝通先生

比，细致而真切，但好像过于支离破碎，缺少一点提纲挈领的东西。在三个东方文化体系之间也是有差异的。就中国与印度的差异而言，中印两国已经有几千年的文化交流的历史。过去中国有不少的人已经注意到两国间的差异。宋赞宁《高僧传》卷27《释含光传》，《系》中说："又夫西域者，佛法之根干也。东夏者，传来之枝叶也。世所知者，知枝叶，不知根干；而不知枝叶殖土，亦根生干长矣。尼拘律陀树是也。盖东人之敏利何以知耶？秦人好略，验其言少而解多也。西域之人淳朴，何以知乎？天竺好繁，证其言重而后悟也。由是观之，西域之人利在乎念性，东人利在乎解性也。"在这里，"西域之人"指的是印度人，"秦人"和"东人"指的是中国人，赞宁是从文体和思维方式来看中国同印度的差异。

清醒地认识到东西方文化的异同性，季羡林先生并没有用东方取代西方，而是东西方之间取长补短，共同促进，多元并生。"河东河西论"是世纪之交中国学者的清醒认识自我价值的开端，但并不意味着不再关注西方。西方是一个强大的他者，是中国学者做学问的一个巨大语境，只能不断地关注和"拿来"，"拿来"仍是几个世纪之内中国学者的任务之一，但任务的核心是开始自己说话。只有这样的双向互动，才能增加东西方两个世界的接触。阿兰·佩雷菲特曾经说过一段沉痛的话："如果这两个世界能增加它们间的接触，能互相吸取对方最为成功的经验；如果那个早于别国几个世纪发明了印刷与造纸、指南针与舵、炸药与火器的国家，同那个驯服了蒸汽并即将驾驭电力的国家把他们的发现结合起来，那么中国人与欧洲人之间的文化交流必将使双方都取得飞速的进步，那将是一场什么样的文化革命呀？"[①]那种自我保守、僵化或者自我虚无的殖民心态都已经过时，需要的只能是开窗

① 阿兰·佩雷菲特著，王国卿等译：《停滞的帝国》，三联书店1993年版，第3页。

(拿来)和开门(输出),才能使那种所谓“聋子对话”的时代成为过去。最近西方提出来生态批评或生态文化的新理论,其实吸收了东方尤其是中国文化中很多好东西,比如说绿色和谐思想、辩证思想、综合模糊思想、重视本源性和差异性的思想、强调“仁者爱人”等思想。[①] 这些思想是中国思想对西方的一种滋养。因此“河东河西论”是发现中国有生命血脉的东西,使其变成我们民族活生生的精神。

季羡林先生注意到,东西方文化具有相互盛衰消长现象。中国民族性的消极面依然广泛存在,这不利于生产力的发展。尽管中国文化有着悠久的历史和辉煌的过去,但是在近代以来,源远流长的中国文化却遭遇到诸多危机。这些危机可以表述为在全球化语境中,中国文化已经不再是世界文化的中心——这种从中心到边缘的历史,使中国文化精神遭遇到内在的撕裂:一方面,文化精神的承续,使中国文化仍然是世界上几大古代文明衰亡后的唯一幸存者;另一方面,在西方文化中心主义的话语权力中,中国文化被不断地边缘化。这种文化处境的尴尬,使中国文化在一个多世纪以来不断寻求自身的创造性转化之路,并且使得文化论战成为整个民族命运的大会诊。因此,季羡林主张,要开放再开放,拿来再拿来,交流再交流。[②]

我坚持认为,那种在中国文化的当代精神建构和创造性转型问题上,认为只有走向西方才是唯一出路,才是走向了现代文化的观点,应该说是值得商榷的。这种观点实际上是把世界各民族文化间的“共时性”文化抉择,置换成各种文化间的“历时性”追逐。西方文化先于其它文化一步迈入了现代

---

① Cheryll Glotfelty and Harold Fromm: *The Ecocriticism Reader*; Landmarks In Literary Ecology. The University of Georgia Press, 1996.

② 季羡林:《中国文化发展战略问题》,见王岳川编《学问人生——季羡林自述》,山东友谊出版社 2006 年版,第 228 页。

>> 季羡林先生与雷洁琼先生交谈

社会，但这并不意味着这种发展连同这种西方模式的精神生产、价值观念、艺术趣味乃至人格心灵就成为唯一正确并值得夸耀的目标，更不意味着西方的今天就是中国乃至整个世界的明天。历史已经证明，文明的衰落对每一种文化都是一种永恒的威胁，没有任何一种文化模式可以永远处于先进地位。在文化形态上，没有霸权话语的空间，而只有不同文化之间的互相理解和尊重差异，只有文化形态意义上真实的对话和交流。因而，中国文化的转型只有从自身的历史、地域、文化精神上做出自己的选择，按自身的发展寻绎出一条全新的路，方有生机活力。

文化是从不止息的创造性过程。世界给创造者提供了无限的可能性。在走向“新世纪”的路途上，中西思想家和艺术家在互相对话和互相理解中获得全景性视界，并达成这样一种共识：在现代化的历史进程中，任何一个民族再也不可能闭目塞听而无视其他文化形态的存在；任何一个民族再也不可能不从“他者”的文化语境去看待和反思自身的文化精神。了解并理解他人,其实是对自身了解和理解的一种深化。因此,中西文化和哲学思想,都只能在自由精神的拓展和生命意识的弘扬这一文化内核层面上反思自己的文化,发现自己和重新确证自己的文化身份,开创自己民族精神的新维度。

季羡林认为,中华民族是热爱和平的伟大的民族,在过去几千年,中国为全人类和全世界的进步提供了很多发明创造。发明创造有些是精神的,有的是物质的,不管精神的物质的,对推动人类前进,都做出了重大贡献。现在怎么样呢?我们对眼前的世界最大的贡献,就是我们提出了和谐这个概念。“现在全世界到处打仗,在这种情况下,接受和谐这个概念,其意义极为重要和深远,如果每个国家都像中国这样的,不欺侵略的国家,也不许别的国家侵略。那么咱们世界(就不会有战争),现在我讲不行,世界上没有一天不打仗的,不是这儿打,就是那儿打。这个对全世界人民都没有好处。我们提出和谐这个概念,非常重要,这就是对世界一个很大的贡献。现在世界缺少就是和谐,到处打仗,我们提出这个不但对眼前,对于人类的未来,也要讲究和谐。中国跟侵略这俩字不沾边,可是谁要是来侵略我们,我们也不饶它,日本就是例子。我们中国越来越好,经济腾飞。我有一句话,中国的腾飞,谁也阻挡不了,上帝也不行。”①

季羡林进而指出,20 世纪是全部人类历史上发展最快的一个世纪。在这个世纪以前,西方发生的产业革命大大地解放了生产力,二百多年内,给人类创造了巨大的财富和福利,全世界人民皆受其惠。但这只是事情的一个方面。另一个方面则是并不美好的,由于西方人以“征服自然”为鹄的,对大自然诛求无餍,结果遭到了大自然的报复和惩罚,产生了许多弊端和祸

① 季羡林接受中央电视台《艺术人生》访谈的谈话。

害。这些弊端和灾害彰彰在人耳目。现在世界上几乎所有的政府和人民团体都在高呼“环保”,又是宣传,又是开会,一时甚嚣尘上。奇怪的是,竟无一人提到环保问题产生的根源。为什么欧洲的中世纪和中国的汉唐时代,从来没有什么环保问题呢?这情况难道还不值得人们深思吗?关注自然“生态”,更需要在人文社科中关注社会生态、精神生态和人的无意识生态。联合国教科文组织关注的人的疯狂、人的自杀、艾滋病等,很大程度上是社会生态问题,更是个体精神生态和意识无意识生态平衡问题。这几个生态关涉到它的和谐、它的有所为和无所为、它的和谐性。

我同意季老的看法并坚持认为,东方思想东方经验的缺席是人类的败笔,东方经验的和谐性和东方话语的包容性,可以纠偏西方现代性的单边主义和消费主义,平等地向全球播撒自己的有益经验并造福人类。东方尤其是中国文化中思想精髓,如绿色和谐思想、辩证思想、综合模糊思想,这些思想是中国思想对人类的贡献。与现代性强调人对自然的征服和最大限度地榨取剩余价值的经济学完全不同,在“后东方主义”时期,具有东方思想的生态美学和生态文化正在化解人和他人、人和自己、人和自然的冲突。由此,我们就不难理解为什么海德格尔晚年要关注老子《道德经》中的中国思想,为何罗兰·巴特要纵论日本的俳句、书法和天皇在东京中心虚位问题,为什么德里达要到中国大谈“宽恕”问题和中国文化现象,为什么赛义德在病榻上对遥远的东方中国如此神往,是什么使他们对东方发生了兴趣。除了东方经济的重新崛起以外,当然是文化“差异性”。差异性文化使得西方一流思想家开始了对“东方”的全新关注。如果我们什么都“拿来”而不“输出”的话,东西方文化就会出现文化生态不平衡问题。可以认为,西方正在吸收东方文化精神而从事人类文化的新整合。换言之,新世纪西方知识界将目光转向东方,必将给西方中心主义的思维模式和社科认识模式以新思维,并将被西方中心主义边缘化的东方知识界，带来重新估价一切价值的勇气和重新寻求人类未来文化新价值的文化契机。

三、“天人合一”与生态文化观

季羡林对“河东河西论”的探讨，进一步发展到“天人合一”东方思想的重要思想的探讨上。在1992年11月22日，他写成《“天人合一”新解》长篇论文。[①] 文章发表后，支持和反对者皆不乏其人。其后，他又发表了《关于“天人合一”思想的再思考》《〈关于“天人合一”思想的再思考〉的一点补充》，深化对“天人合一”的看法。季羡林说：“我完全同意宾四先生对这个命题的评价：涵义深远，意义重大。我在这里只想先提出一点来，正如我在上面谈到的，我不把‘天’理解为‘天命’，也不把‘人’理解为‘人生’；我认为‘天’就是大自然，‘人’就是我们人类。天人关系是人与自然的关系。”[②]东西两大文化体系的区别，随处可见。它既表现在物质文化上，也表现在精神文化上。具体的例子不胜枚举。但是，我个人认为，两大文化体系的根本区别来源于思维模式之不同。这一点我在上面已经提到过：东方的思维模式是综合的思维，西方的思维模式是分析的。勉强打一个比方，我们可以说：西方是“一分为二”，而东方则是“合二而一”。东方综合思维模式的特点是，整体概念，普遍联系；而西方分析思维模式则正相反。“天人合一”是讲人与大自然合一。我现在就根据这个理解对人与自然的关系进行一些分析。

---

① 季羡林：《“天人合一”新解》见，王岳川编《季羡林学术精粹》第一卷，山东友谊出版社2006年版，第58页。

② 季羡林：《“天人合一”新解》见，王岳川编《季羡林学术精粹》第一卷，山东友谊出版社2006年版，第67—68页。

人，同其他动物一样，本来也是包括在大自然之内的。但是，自从人变成了“万物之灵”以后，想同自然对立，这样才产生出来了人与自然的关系。人类在成为“万物之灵”之前或之后，一切生活必需品都必须取给于大自然，衣、食、住、行，莫不皆然。人离开了自然提供的这些东西，一刻也活不下去。由此可见人与自然关系之密切、之重要。怎样来处理好人与自然的关系，就是至关重要的了。

据季羡林的观察与思考，东西方的区别相当突出：在处理人与自然的关系方面，东方文化与西方文化是迥乎不同的，夸大一点简直可以说是根本对立的。西方的指导思想是征服自然；东方的主导思想，由于其基础是综合的模式，主张与自然万物浑然一体。西方向大自然穷追猛打，暴烈索取，在一段时间以内，看来似乎是成功的：大自然被迫勉强满足了他们的生活的物质需求，他们飘飘然昏昏然自命为“天之骄子”“地球的主宰”。东方人对大自然的态度是同自然交朋友，了解自然，认识自然；在这个基础上再向自然有所索取。“天人合一”这个命题，就是这种态度在哲学上的凝炼的表述。东方文化曾在人类历史上占过上风，起过导向作用，这就是“三十年河东”。后来由于种种原因，时移势迁，沧海桑田，西方文化取而代之。钱宾四先生所说的：“近百年来，世界人类文化所宗，可说全在欧洲。”这就是“三十年河西”。东方文化基础的综合的思维模式，承认整体概念和普遍联系，表现在人与自然的关系上就是人与自然为一整体，人与其他动物都包括在这个整体之中。人不能把其他动物都视为敌人，要征服它们。人吃一些动物的肉，实在是不得已而为之。从古至今，东方的一些宗教，比如佛教，就反对杀牲，反对肉食。中国固有的思想中，对鸟兽表示同情的表现，比比皆是。最著名的两句诗，“劝君莫打三春鸟，子在巢中待母归”，是众所周知的。这种对鸟兽表示出来的怜悯与同情，十分感人。西方诗中是难以找到的。孟子的话

>> 季羡林先生与赵朴初先生

“恻隐之心人皆有之”,也表现了同一种感情。

在季羡林看来,西方文化风靡世界的几百年中,在尖刻的分析思维模式指导下,西方人贯彻了征服自然的方针。结果怎样呢?有目共睹,后果严重。对人类的得寸进尺永不餍足的需求,大自然的忍耐程度并非无限,而是有限度的。在限度以内,它能够满足人类的某一些索取。过了这个限度,则会对人类加以惩罚,有时候是残酷的惩罚。“即使是中国,在我们冲昏了头脑的时候,大量毁林造田,产生的后果,人所共知:长江变成了黄河,洪水猖獗肆虐。从全世界范围来看,在西方文化主宰下,生态平衡遭到破坏,酸雨到处横行,淡水资源匮乏,大气受到污染,臭氧层遭到破坏,海、洋、湖、河、江遭到污染,一些生物灭种,新的疾病冒出等等,这些都威胁着人类的未来发展，甚至人类的生存。这些灾害如果不能克制，则用不到一百年，人类势将无法生存下去。这些弊害目前已经清清楚楚地摆在我们眼前，哪一个人敢说这是危言耸听呢？”①

事实上，早在1972年，罗马俱乐部就发表了人类危机的著名报告《成长的界限》。认为经济过热与人口增长如果不加以有效遏制，地球及生活在地球上的人类将由于环境污染和食物不足而在100年内毁灭。报告有如一石激起千层浪，全球为之震惊。其后世界各国通过裁军、放慢经济发展、控制人口增长、注重资源利用、保护环境等方式，企图避免或者推迟人类毁灭的命运。但不堪重负的地球和人类成长极限的濒危状态并未缓解，而且有日益恶化的症候。我认为，人类遭遇的问题，核大战也罢，资源耗尽也罢，环境污染也罢，海啸和外星球撞击地球也罢，告诉人们一个事实，现代性到了极度膨胀之时会反过来毁灭人类。现代性为人们承诺美好生活的同时，又带给人们太多的生态灾难：自然生态危机、社会生态危机、精神生态危机、文化生态危机。全球变暖，冰川和永久冻土融化，海平面上升，降雨模式改变，海洋过度捕捞，沙漠迅猛扩展，森林覆盖率急剧下降，淡水资源严重匮乏，物种加速灭绝，水土流失，河海污染，精神失落，道德沦丧，心态失衡，形成威胁人类生存的生态大灾场。人们生存于一个无法逃避有毒废弃物、酸雨和各种有害化学物质的世界，城市的雾霾空气混合着二氧化氮、二氧化硫、苯、二氧化碳。

面对精神生态失衡的消费主义和文化霸权主义，哲人们提倡具有文化生态意义的重回乡土感受生命大地的精神复归方式。人类的精神生态同样遭遇到空前的危机。在西方现代性的导引下，无论是亚洲还是非洲正在走

---

① 季羡林：《“天人合一”新解》，见王岳川编《季羡林学术精粹》第一卷，山东友谊出版社2006年版，第70页。

向“理论翻新时代”和“肉体体验时代”。于是,升级、突破、扩展、肉身感、消费主义就成为这代人的精神轨迹。当代人成为从旧的“经验时代”蜕变出来又仰望着“理论时代”的中间人,他们从生活话语方式、日常行为模式、当下时尚态度中,将生活娱乐化、文化流星化、生命肉身化、精神平面化。于是在一种“新新人类”的日常生活化中,改变着当代人的想象、城市的色彩和气质、周边的环境和思维演变。

季羡林焦虑地指出:现在全世界的明智之士都已痛感问题之严重。但是却不一定有很多人把这些弊害同西方文化挂上钩。然而,这些东西非同西方文化挂上钩不行。西方的有识之士,从本世纪20年代起直到最近,已经感到西方文化行将衰落。钱宾四先生说:“最近五十年,欧洲文化近于衰落。”他的忧虑同西方眼光远大的人如出一辙。有没有挽救的办法呢?当然,有的依我看,办法就是以东方文化的综合思维模式济西方的分析思维模式之穷。人们首先要按照中国人,东方人的哲学思维,其中最主要的就是“天人合一”的思想,同大自然交朋友,彻底改恶向善,彻底改弦更张。只有这样,人类才能继续幸福地生存下去。“我的意思并不是要铲除或消灭西方文化。不是的,完全不是的。那样做,是绝对愚蠢的,完全做不到的。西方文化迄今所获得的光辉成就,决不能抹煞。我的意思是,在西方文化已经达到的基础上,更上一层楼,把人类文化提高到一个前所未有的高度。‘三十年河西,三十年河东’这个人类社会进化的规律能达到的目标,就是这样。有人讽刺我要‘东化’,他似乎认为这是非圣无法大逆不道之举。愧我愚陋,我完全不理解:既然能搞‘西化’,为什么就不能搞‘东化’呢?”①

① 季羡林:《“天人合一”新解》,见王岳川编《季羡林学术精粹》,第一卷,山东友谊出版社2006年版,第71页。

季羡林通过古代印度哲学,找到了印度“天人合一”的最好的表述,和中国“天人合一”思想互相比较,阐释东方文化的奥妙:在印度有一种古老的哲学,叫“奥义书”。这种哲学出现在佛教尚未形成之时。奥义书哲学的根本理念、根本思想就是 tman 与 brahman 同一。tman 就是自我的本质、我的实体。brahman 就是宇宙的原理,译为“梵”。这里就是讲我与梵,自我的本体与宇宙的原理是相同之物。日本明治时代的某位学者把它称为“梵我一如”。奥义书思想之本就在于“梵我一如”。这是一个十分出色的表现。“梵我一如”也是我、人与人以外的万物完全相同的另一种讲法。这就是“天地与我同根,万物与我一体”。这句话出自中国的一本古书(《碧岩录》)。中国古代天人合一的思想,是东方思维模式的最有典型意义的代表。印度古代哲学宗教的“你就是它”——指宇宙,也表现了同一思想。印度佛教的名相分析,看似分析,深究其实,则与西方的分析迥乎不同。与此十分相似的还有《庄子》中的一句话:“天地与我并生,而万物与我为一。”《庄子》中还有这样一句话:“万物皆一,万物一齐。”此处的万物中包含着人类。包括人类在内的万物从本质上看都是相同的。“万物一齐”的“一齐”就是相同、相等之意,所以就等于说万物毫无例外都是平等的。

在季羡林强调“天人合一”的同时,西方学术界也提出了“生态文化”的观念,生态文化强调人类必须从与自然从对抗—征服—报复的恶性循环中走出来,表达人与自然重新摆正位置的诉求在文学形式中的表达。不少生态文学作品预测了人类的苦难未来和走出困境的可能性,在生态文化预警中展示人与自然重新融为一体的“远景”,力求回归自然以逃避未来生态灾难和人类毁灭。因此,生态文学不是一般地描写自然风光中人与自然的闲适感,而是从文学文本中空前地凸显人类的重大困境,并对这种危及人类整体未来的困境加以审美解答,进而超越对具体问题的思考而直接深入到对智慧的深层关注中去,激发起人类与非人类的自然世界联系的内在情感,寻找人类与自然重归于好的和谐世界的新途径,探索在人与自然发展的互惠型的人类自然新伦理。

季羡林是文化比较和文化融合论者,认为只有不同的文化的融合才能产生更高一层的文化。在这里,关键问题是“怎样融合”? 也就是李慎之所说的“如何”(how)的问题。李慎之的论点是东西文化对等地融合,不分高下,不分主次,像是酒同水融合一样,你中有我,我中有你,平起平坐,不分彼此。这当然是很理想的,很美妙的。季羡林认为,融合必须是不对等的,必须以东方文化为主。中国文化,或者泛而言之的东方文化,也已有了几千年的历史,难道这个文化就不受我在上面提出来的文化发展的五个阶段的制

>>1985 年季羡林先生在书房

约吗？难道在这里必须给东方文化以“特权”吗？东方文化也必须受那五个阶段的制约。中国文化作为一个整体，在几千年的发展过程中，有过几次“输液”或者甚至“换血”的过程。印度佛教思想传入中国，是第一次“输液”。明清之际西方思想传入，是第二次“输液”。五四运动也可以算是第三次“输液”。有这样几次“输液”的过程，中国文化才得以葆其青春。这样的“输液”，西方文化是不明显的。工业革命以后的繁荣阶段，更是根本没有。这是东西方文化最显著的区别之一。

无疑，东方文化天人合一精神与和平主义价值使其在人类危机时代具有重要的文化复兴价值。我想进一步指出的是：现代社会的腐败和贪婪是物质中心化和精神边缘化的人性异化造成的，腐败源自于整个世界物质主义弥漫的“有所企求”的贪欲，人们缺乏精神超越维度而处于现实欲望难平的浮躁焦虑中，这一系列现代文明病症导致了人类的整体精神失衡。一言以蔽之，西方人在近400年走上了文化偏执歧途，仅仅关注经济发展和消费水准，这种严重的文化偏执症，导致人痴迷于物质增长而丧失人性深度和人文厚度。人们进一步认识到，未来世界文化不是一种平面化的文化，不是后殖民单边主义文化，更不是一种所谓全球化的霸权主义文化。相反，未来文化只能是多元互动的文化，一种对话的生态主义文化。这一语境将使新世纪中国文化出现全新的发展空间和普世性价值。

值得欣慰的是，季羡林作为新世纪真正的学问家，仍在深度思考和写作，他将多年的思考浓缩在自己的著作中。在这近百年的理论风雨中，坚持走出西方中心主义和话语独断论的东西方二元对立框架，更具有开放精神谈论当今世界各种不同的思想和理论，承担了巨大的理论风险，受到了各种数不清的压力，为中国的学术发展和东方文化理论的拓展，做出了自己的贡献。应该说，在这位思想开拓者的身后，又成长起一批新的理论家，他们在前人开辟的理论基点上,进一步从事世纪之交的中国文化理论和文化分析,关注现实若干知识学和文本政治问题,关注各种复杂问题及其问题背后的话语权力运作,并力求透过“问题”审视“主义”,进而从思想深处进行自我思想清场——开始了从“审父”到“自审”的思想转型。

第六章　东方大家的精神境界

季美林先生研究的具体学科领域如印度佛教语言学,应该说是比较冷门的专业。他在这方面已经有多部学术传记阐释其思想,不予赘述。这部《评传》集中精力阐释季美林在文化研究、东方文学研究、比较文学研究、中国文学和美学研究等方面的贡献,阐明他在全球化中东方学思想文化研究的意义,以及中国知识分子学术在新世纪应如何创造新的价值。我想,这也是季美林先生晚年最终的思考重点之所在。

我曾经对季美林先生说,您老每天闻鸡起舞。先生正色说:"不,是鸡闻我起舞。"确乎如此,近三十年来,季先生每天凌晨三、四点起床写作,可谓"鸡闻起舞"。季先生送我一套近三十卷的《季美林文集》,我通读了两遍,每读一次感受就深一层。多少次在深夜人静中,让思绪一路远去。我的眼前浮现出一位百岁老人的形象,睿智而安详,渊博而谦和。这位精通英、德、梵语、巴利语,吐火罗文、俄语、法语的学者,焚膏继晷,已超越常人的工作热忱而"止于至善":从考证到义理之学,从东方语言学家到东方学家,从印度历史文化到比较文学的研究,从佛教语言研究到中国文化身份思考,皆拓展出一个多元的文化研究域。他命定般地不属于任何一个固定的研究领域，也不屈从于任何专业狭小的圈子，而是打通中西古今，透悟人类智慧，创新东方新思维。

当季羡林先生2003年授权由我来选编他的四卷本的《季羡林学术精

>>《季羡林文集》(部分)

粹》和《学问人生》，我感到学术重量和思想信赖的双重压力。① 在我研读选编过程中，尽量将先生的睿智和重量级的论著选出来，使人们能够通过这位世纪老人的言说，看到这一代中国知识分子的学术踪迹和价值情怀，并着力展示季老的学术研究的深度和广度，精选他长期研究的印度古代语言、吐火罗文、印度古代历史和文学、印度佛教史、中国佛教史、中亚佛教史、糖史等精彩篇什，以及涉及众多新兴学科的中印文化交流史、中西文化之差异和共性、美学和中国古代文艺理论、德国及西方文学、比较文学及民间文学的论著，尤其是选入了相当数量的新著，使《季羡林学术精粹》更有理论新意和考辨价值。

一、20 世纪知识谱系之承前启后

如果将 20 世纪中国知识分子分成“七代”的话，那么首先是晚清一代：康有为、梁启超、王国维是一代；五四一代：蔡元培、胡适、陈独秀；季老应该算是第三代，就是 30 年代这一代学者，这一代中西打通走出国门；第四代应该是建国以后的这一代，比如汤一介教授等；第五代应该是“文革”一代，他们的知识体系可能同前人相比有一些差距，但是社会经验很丰富；还有一代就是我们这一代——77 级、78 级高考入大学这一代，这一代因为经历了很多磨难，确实想继承前人的学术，但中学西学都需要补课；我们后面一代就是 90 年代一代，新思很多，问题不少。可以说，季老这第三代知识分子，在中

① 《季羡林学术精粹》(1—4 卷)在 2004 年选编完成后，季羡林先生已经因病住进了 301 医院，在我同山东友谊出版社总编辑丁建元先生一起多次赴医院请教和征求选目意见的过程中，我更深地感受到大学者的坚毅乐观的精神人格魅力。需要说明的是，感谢季老的学术秘书李玉洁老师，没有她长期鼎力相助和多次提供季羡林先生最新的论著，要收集如此多的旧图新文，其难度可想而知。

>> 王岳川编《学问人生：季羡林自述》书影

国20世纪学术谱系和知识谱系上是相当重要一环，是国学西学承前启后的一代，如今斯人已去，可谓大师凋零。后辈学人应更加努力，使得学术思想薪火相传！

这一代学者将学问看成生命，可以说以最真诚的人生态度来做学问，将学问看成生命价值实现，而不是什么外在于生命的东西。比如说季老近90高龄写《糖史》，完全可以让助手和学生来搜集资料，他没有这样做，而是每天坚持从家来回走5公里到北大图书馆。面对壁立的图书，他告诉我：有时候一天老眼都看得昏花，却一条有用的资料也没有找到。今天的很多大学生上网一搜索，很多资料都有了，但是这些资料大多不可靠。今天很多人做学问已经没有这种“止于至善”的精神了。大师逝去是一个“学问人生时代”的终结，如何继承前贤、严谨治学，值得中国知识界反省。

大学者本身之所以如此谦虚，因为他们和上两辈大师比如康有为、梁启超、王国维、蔡元培、胡适、陈寅恪等自觉比较，会觉得自己仍有相当的距离。另外，现在“大师”这个称呼在当代学术界某些炒作中大大贬值。所以季先生藐视虚荣，是对自我价值的整体正确把握。这位学问大家谦虚而低调地做学问，乐于坐冷板凳，不喜欢被他人炒作，是很有人生悟性和学术定力的。他们冷峻客观的学术态度是对那些非学术流行炒作的抗争，是对做真学问的高贵品质的坚持，对整个中国真正学术传统的坚守！

季老跟我反复说过：“我不畏先生畏后生，前人的墓志铭是我们这代人写的，而我们这一代人是你们这代来写。”所以，季老随时有一种自我警醒感。他常常跟我谈：国学是关于中国经、史、子、集的学问，他自己只是在小时候学过一些，主要是对“集部”的诗词曲赋比较感兴趣，而到了后来主要精力在做东方学学问，对国学确实是谈不上精深研究，也没有专门写过一本关于经史研究的著作，所以他对国学大师的帽子当然是悚然惊惧，不敢接受。包括国宝、泰斗等一概敬谢不敏。这说明季老对巍巍高山的“学问珠峰”仍存敬畏之心、虔诚之意！我们今天很多人做学问没有敬畏、更不虔诚，学问似乎是一袭华衣、一种装饰。但是季老这一代把学问看得非常庄严，能从学

>> 1996 年季羡林先生在书房

问中获得很多知识和人生启迪，并能出经入史提出新世纪中国文化走向及其文化战略。他还有一句名言就是：今天我们以北大为骄傲，不知道将来北大会不会以我们为骄傲，这是每个学生应该去思考的。我们今天是以北大、清华、复旦这样名校来提升自己，我们沾了名校的光，但是很多人只是沾光，从来不会给北大、清华、复旦做贡献，让母校为自己骄傲！

季老可以说是集成了中国大儒的学统，他将北宋大儒张横渠名言“为天地立心，为生民立命，为往圣继绝学，为万世开太平”作为自己践行的方向。尤其是“为往圣继绝学，为万世开太平”变成他晚年工作的两大主题。他关于东方学的很多著作其实全球能懂的只有几十个人，这当然是绝学。记得有网友给我写帖说：我读季老文章觉得容易懂，读您的论文就觉得比较拗口。我知道季老被误读成一个通俗读物写作者或者一个散文家了，赶紧把季老一篇写于 1947 年的重要短文《浮屠与佛》——被很多的专家认为是言简意赅的好文发给他，结果他根本看不懂。我想说明的是：季老并非是一个以散文名世的作家，而是一个真正的学问家思想家。如前所述，他厚重的学术成果表现在十个领域：1. 印度古代语言特别是佛教梵文、吐火罗文、巴利文研究；2. 印度佛教史、中国佛教史、中亚佛教史研究；3. 糖史（古代中国、印度、波斯、阿拉伯、埃及、东南亚，以及欧、美、非三洲和这些地区文化交流）以及科技文化传播史研究、4. 中印文化交流史、中外文化交流史、中西文化差异和共性研究；5. 印度古代文学《罗摩衍那》、《沙恭达罗》的翻译和研究；6. 德国及西方文学研究；7. 美学和中国古代文艺理论研究；8. 比较文学及民间文学；9. 新世纪中国文化发展战略研究；10. 散文、杂文和书法创作。季老对东方语言和印度佛教、印度文学的翻译和研究，很多人不一定能深刻理解。

世纪之交，季老进入了中西文化差异比较——比较文学比较文化大视野，进入了美学、文学理论、文学战略的宏观研究，用他自己的话说是：“梵

>> 1998 年季羡林在书房

学、佛学、吐火罗文研究并举，中国文学、比较文学、文艺理论研究齐飞。”他站在为人类未来“开太平”基点上提出“文化交流的双向性”（过去人们总认为中国很多知识是印度或者西方输入的，其实中西、中印文化是互动互相输入的）；“中西文化在世界上的地位不是一成不变的，而是三十年河东三十年河西”；“二十一世纪是中国的世纪”，“中国文化送出战略”等，这些惊世骇俗的提法振聋发聩，很多人不理解甚至误解乃至于批判。他还对书法很有研究，不仅每天写书法，而且对书法的重要性看得很清楚：“中国书法是世界上独特的文化。中国书法别的国家是没有的，日本、韩国都是中国传过去的。弘扬中国文化，其中最重要的一部分，就是弘扬我们书法文化。因为书法不仅有实用功能，还有艺术功能和生命陶冶功能。这是中华文化的一个独特之处。”可以说，他整个生命都投射在学问当中，但是外边理解他继东方绝学的人很少，而对他为万世开太平的“三十年河东三十年河西”，中国文化送出去战略、双向交流等等知道较多，但理解有误。

“三十年河东三十年河西”有一个语境，就是季羡林将人类文化分为四个体系：中国文化体系，印度文化体系，阿拉伯伊斯兰文化体系，欧美文化体系，而前三者共同组成东方文化体系，后一者为西方文化体系。季老提出“三十年河东三十年河西”很多人认为是为文明算命，为世界命运算命，有些不太科学。其实，就这个问题我跟季老谈的比较多，我说既然你像玄奘一样坚定不移地出国求学，在西方经过严格的十年的学术训练，为什么还会提出这样一个被人批评为不太学术化的理论呢？他说：我是在反拨全盘西化中第一个吃螃蟹的人——是在为中国的文化失败主义、文化自卑主义打气，我在为中国找到一种文化自信、文化自尊、文化自觉，我在对西方的“欧美中心主义”加以拒斥，恢复我们民族自信，所以我用了一个好像有一点宿命轮回色彩的说法，来为东方民族的振兴和东方文化的复兴开道。但是我们看到，这三十年世界的发展真的走向了东方中国的崛起，中国文化真开始复兴了。倒不是季老“算”的准，而是他真正有世界眼光，真正具有打通了中西的历史宏观的文化视野。

二、全球化中东方文化复兴的意义

季羡林在《21 世纪：东方文化的时代》（1991 年）中认为：现代性的西方文化过分强调竞争，已经显示出诸多弊端，东方文化将在未来岁月中显示出魅力。“在西方，从伽利略以来的四百年中，西方的自然科学走的是一条分析的道路，越分越细，东方人则是综合思维方式，用哲学家的语言说即西方是一分为二，东方是合二而一。”“西方形而上学的分析已快走到尽头，而东方寻求整体的综合必将取而代之。以分析为基础的西方文化也将随之衰微，代之而起的必然是以综合为基础的东方文化。”（《21 世纪：东方文化的时代》）当然，这并不意味着一定要用东方文化取代西方文化，而是在西方文化已经达到的基础上更上一层楼，把人类文化提高到一个前所未有的高度。

因此，中西文化的根本差异性显示出来：东西方思维模式不同：东综合而西分析。这种不同的思维模式表现在许多方面。比如在处理人与大自然的关系问题上，西方对自然分析再分析，征服再征服。东方则主张“天人合一”。西方文化产生出来科学技术，在辉煌了二三百年，主宰了世界，为人类谋了很大的福利之后，到了今天，其弊端日益暴露，比如大气污染、臭氧层空洞、环境污染、淡水资源匮乏、生态平衡破坏、新疾病层出不穷，如此等等，哪一个问题不解决都能影响人类生存的前途。这些弊端将近 200 年前英国浪漫诗人雪莱就曾预言过，如今不幸而言中。

尽管有不少人对季羡林先生的观点加以批评，但是我从这位耄耋之年的智慧老人眼中,看到是一个知识分子的价值担当。可以说,一个世纪的国运转换和具有强迫性的中西文化接触,使得中国传统文化不断受到严重质疑。这种状况使得中国文化身份充满疑问。我注意到,西方的强势文化对中国而言成了必须的认同中心,这使得几乎整个20世纪中国的命运都与西方中心主义话语相牵扯,西方仅仅将中国文化当成一种材料,按其所需去塑造出能为西方文化解困的所谓中国文化,甚至在西方关注的中国问题上,那些论述大抵也不过是西方话语的另一种阅读方法,而中国始终只是被观察的客体。这种在历史屈辱中成为被西方观察的"沉默他者"的地位,使我们意识到,政治霸权话语以及知识殖民、符号崇拜等问题是中国文化重新定义所必要加以审视的。因为,当我们不自觉地受外来思想主宰而又不质疑其合法性时,就可能只会引入一种非审视、非抗衡性话语。真正健全的中国观应是对西方核心范畴进行剖析,并在这种接纳和质疑中生成自我的新文化。

其实这个问题还应该往深里思。法国当代思想家布尔迪厄的"文化资本理论",将整个社会资本分成三个资本域,即经济资本、文化资本和象征资本。就"经济资本"而言,每个国家都可以用GDP来量化。今天中国的经济资本日益雄强,其经济资本的崛起是任何国家都挡不住的,在科技一体化和制度并轨化中,中国的和平崛起将对人类的发展有重要的平衡意义。然而,中国的"文化资本"却不可乐观,上世纪过分的崇洋使得中国文化身份出现了辨认上的危机,文化象征资本严重滞后于经济资本的提升。"象征资本"建立在经济资本和文化资本之上,它是一个国家是否是强国形象的辨认方式。经济崛起而文化象征资本下滑,必然出现一手硬一手软的现象:经济雄强,所以国际上"中国威胁论""中国分裂论""中国崩溃论"频频出现;而由于缺乏文化对中国崛起的合法性的重新界定和软着陆,缺乏用文化对这个大国崛起以后动向的重新说明。因此,应下大力气抓文化象征资本的积累和创新,使经济崛起和文化创新的双翼共同提升中国新世纪强国形象,让世界逐渐消除对抗中国崛起的敌对情绪,使得中国在和平崛起中,同其他强国一道引领世界未来的新文化走向。

中国的现代性应该向整个人类体现“东方智慧”,人类的未来只能是东西方文化的真诚对话和互动。在科技领域进入现代化的中国,在文化领域应站在更高的角度体现不断创新的东方文化魅力和文化良知。应该让世界重新认识新世纪中国精神,使“西方文化中国化”的同时,也使“中国文化精神世界化”,东西方共同构成人类精神生活中不可或缺的双赢要素。

正是在这一系列互相纠缠的问题上,季先生提出了自己的看法:在“文化拿来主义”之后走向“送出主义”。这是在长期的文化自卑主义之后学者的精神自觉。我认为,尽管季先生年事已高不可能具体从事“文化送出”工作,但更青年的一代学者应该坚持“文化输出”,将这一理念转化为长期而浩大的民族文化振兴工程和国家文化发展战略。① 中国学界的“文化自觉”表征为:向世界整体性推出古代和现代中国思想家群体思想,不仅注重中国古代经典向西方主动翻译输出,而且注重将经历过欧风美雨的20世纪重要思想家的著作系统地向海外推出;还应在“读图时代”充分利用现代电子技术和卫视手段,传播具有深厚中国文化魅力的作品,系统地“发现东方”探索“文化中国”的精神价值;同时,从“汉语文化圈”振兴和和谐的“文化外交”的角度,增大“对外汉语”的教学和办学,吸引更多的西方人到中国学习中国语言和文化艺术,成为中国文化的理解者和爱好者,以加强中国同世界的对话和互动的文化心理接受基础。

全球化中信息和经济的一体化,在某种程度上会形成文化互补化,起码

---

① 参王岳川著:《文化输出》,北京大学出版社2008年版。

在全球化过程中形成中心与边缘、自我与他者之间的错综复杂关系,使得任何国家不可能完全脱离整个世界文化发展的基本格局而封闭发展。在全球化整合中只能不断保持自己民族的根本特性,打破全球格局中不平等关系,使自身既具有开放的胸襟和气象,又坚持自我民族的文化根基和内在精神的发扬光大,使不断创新的中国文化精神成为人类精神的重要组成部分。在这个西化了两个世纪的世界,中国的和平崛起需要进一步加大"中国文化形象"重建的力度,让中西在"建设性伙伴关系"的互动中,真正"发现"东方优美的文化精神,体味中国创建人类"和谐社会"的诚意。

季先生曾在《吐火罗语研究导论》中写道:"吐火罗语被发现以后,引起

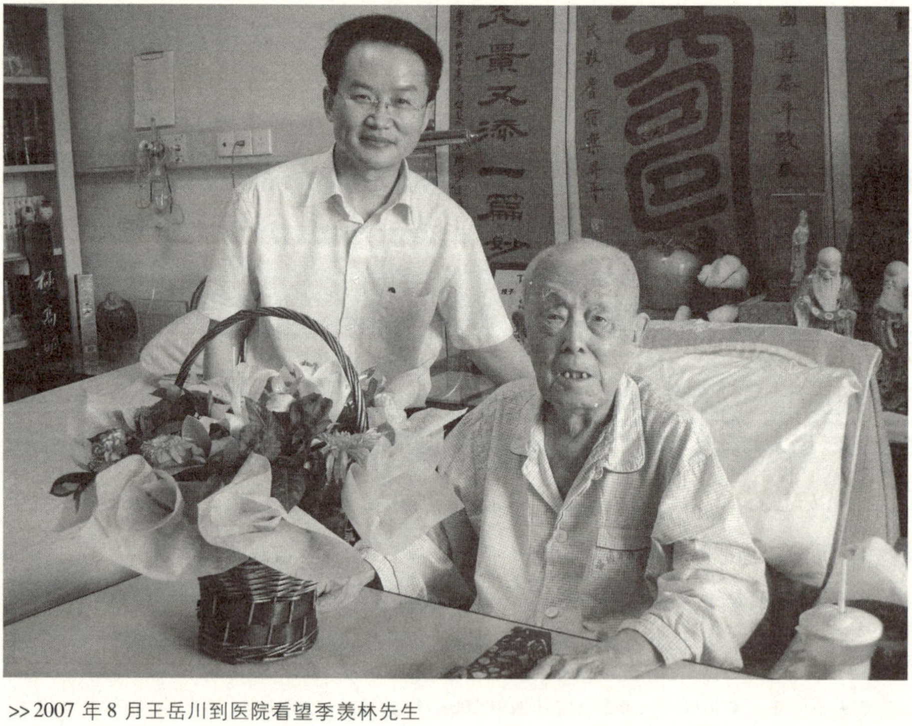

>>2007 年 8 月王岳川到医院看望季羡林先生

了中外学者的认真思考:它提出了一些过去从没有人想到的问题,譬如印度欧罗巴人的原始的发源地问题等等。有人提出了亚洲发源说。虽然 Lüders 对此说提出了怀疑,但是他也未能提出确凿可靠的证据,加以反驳。看来这仍然是一个悬而未决的问题,有待于学者们进一步的探索。"同样,在《玄奘与〈大唐西域记〉——校注〈大唐西域记〉前言》中,他认为:"佛教发展到唐代,已经越过了光辉的顶点","在印度,情况也差不多,到了 7 世纪,印度教已完成了转型任务,影响日益广被。虽有戒日王张扬,佛教已非昔日之辉煌。后来,伊斯兰教逐渐传入。在印度教与伊斯兰教夹攻之下,佛教终于在印度销声匿迹。"对于这种在佛教原发国已经"销声匿迹"的佛教,季羡林开始注意世界文化交流史上一个重要的现象:理论旅行中的文化回流。他在《佛教的倒流》(1991)中钩稽中国佛教典籍史实,诸如永嘉禅师的《证道歌》传入印度;印度僧人叮嘱含光把智铠著作翻成梵文;玄奘在印度撰写梵文著作《会宗论》和《破恶见论》,回国后又将《大乘起信论》和老子《道德经》翻成梵文,揭示中国文化智慧融入佛教,传回印度的"倒流"现象。另一篇论文《论"出家"》(1982)考证吐火罗文中的"出家"一词译自汉文,提供了文化交流中"倒流"现象的又一例记。

在我看来,今天应该提出"作为主体间性的中国"甚至"作为他者间性的中国",使"东方主义与西方主义之争"让位于"人类性"问题,在人文视野和世界主义的广阔精神下,使发现东方文化精神和发现西方文化精神成为发现人类文化精神的生态和谐的过程。真正的思想是超越个我而与人类性连接的思想,真正的思想家是超越了个人小我悲欢而思考人类终结性问题的一类人。十四亿人的大国如果不产生世纪性思想甚至世界性思想,那当何以堪?!东方大国长期没有声音,谁来为所谓的远东说话?谁来为中国人说话?只能我们自己说!在消费主义时代潜在的资本逻辑中,我们到了真正面对跨国话语真实性问题并重塑“中国文化形象”的时刻了。

我注意到,西方近年来出现了持续不断的“汉语热”,尤其是美国的大学生在选择“外语”专业方向时,相当多的学生选择了“汉语”。而中国各大学的对外汉语中心的外国留学生也人满为患,蔚为大观。这对“中国文化输出”无疑是一个有价值的现实回应。汉语危机本质上是东方文化的危机,汉语危机的消除,是东方文化振兴的前提。只有当21世纪东方文化与西方文化成为真正的“人类文化”,才能是世界文化走向精神生态平衡之途。

三、知识分子的价值立场和文化身份

季羡林先生认为:“中国知识分子是一种很奇怪的群体,是造化小儿加心加意创造出来的一种‘稀有动物’。几千年的历史可以证明,中国知识分子最关心时事,最关心政治,最爱国。这最后一点,是由中国历史环境所造成的。在中国历史上,没有哪一天没有虎视眈眈伺机入侵的外敌。历史上许多赫然有名的皇帝,都曾受到外敌的欺侮。老百姓更不必说了。存在决定意识,反映到知识分子头脑中,就形成了根深蒂固的爱国心。‘天下兴亡,匹夫有责’,不管这句话的原形是什么样子,反正它痛快淋漓地表达了中国知识分子的心声。在别的国家是没有这种情况的,然而,中国知识分子也是极难对付的家伙。他们的感情特别细腻、锐敏、脆弱、隐晦。他们学富五车,胸罗万象。有时自高自大,自以为‘老子天下第一’;中国古代知识分子贫穷落魄的多。有诗为证:‘文章憎命达’。文章写得好,命运就不亨通;命运亨通的人,文章就写不好。中国知识分子有源远流长的爱国主义传统,是世界上哪一个国家也不能望其项背的。尽管眼下似乎有一点背离这个传统的倾向,例证就是苦心孤诣千方百计地想出国,有的甚至归化为‘老外’,永留不归。”

我意识到，季老所描述的“背离这个传统”的知识分子已经不再是一个精神整体，而是一个不断分化着的类。这意味着，个体只能以自己平实的工作为思想批判和问题揭示做一个注脚，进而成为这个变革的社会肌体中的一种反思性微量元素，以对新世纪中国思想播撒和知识增长做点有意义的工作。凡圣在一念之间——生命应在何处安顿？思想何处是归路？是在矢量的时间长河中寻找最后的归所，还是在远景的先行中见到确证生命的真义？茶凉水暖，怕是还要各人自己去领会罢。季羡林被称为“中国知识分子的代表”，他是中国知识分子的一面旗帜和榜样。他埋头苦干，拼命硬干，为

>>2007 年季羡林先生在 301 医院题写《文化书法》

民请命，舍身求法，为发扬和推动中华文化的发展，做出了巨大的贡献。他不愧是“中国的脊梁”。

季羡林在《一个真正的中国人，一个真正的中国知识分子》中认为：爱国是知识分子的重要品格。中国几千年的历史有一个特点，北方一直有少数民族的活动。先秦，北方就有少数民族威胁中原；先秦之后秦始皇雄才大略，面对北方的威胁派出大将蒙恬去征伐匈奴；到了西汉的开国之君刘邦时，也曾被匈奴包围过；武帝时派出卫青、霍去病征伐匈奴，取得胜利，对于丝绸之路的畅通等有重大意义。六朝时期更没法说了，北方的少数民族或者叫兄弟民族到中原来，隋朝很短。唐代是一个伟大的朝代，唐代的开国之君李渊曾对突厥秘密称臣，不敢宣布，不敢明确讲这个问题。到了宋代，北方辽、金取代了突厥，宋真宗“澶渊之盟”大家都是知道的，宋徽宗、宋钦宗都被捉到了北方。之后就是南宋，整个宋代由于北方少数民族的威胁，出现了大爱国主义者岳飞、文天祥。元代是蒙古贵族当政，明代又是一个大朝代，明代也受到北方少数民族的威胁，明英宗也有土木堡之围。明代之后，清朝又是满族贵族当政。中国两千多年以来的历史一直有外敌或内敌威胁，如果没有外敌的话，我们也产生不了岳飞、文天祥，也出不了爱国诗人陆游及更早牧羊北海的苏武。爱国主义指敌我矛盾时的表现，如苏武、岳飞、文天祥、史可法；还有一种爱国主义不一定针对敌人，像杜甫“致君尧舜上，再使风俗淳”，“君”嘛当然代表国家，在当时爱君就是爱国家。

没想到，季老的知识分子与爱国主义的思想也遭到一些人置疑。我不禁要问：生命能否承受思想的重量？抑或唯有思之飓风才能鼓荡起生命之帆？两者之间是二难的吗？在一个消费主义盛行的时代中，知识分子究竟还有怎样的工作平台？清代赵翼诗：“莫将三寸鸡毛笔，便做擎天柱地看。”是何等地沉痛和无奈！但是不放弃三寸笔的文化意义，同样也是知识分子在特定境遇下的生存智慧，因为知识分子是文化身份的命名者，而不可能跻身为“沉默的大多数”。我想，痛之所以为痛，不仅在于痛本身，更多的是源于痛者的孤独。知识分子必须是对现实问题的先行见到和预先警示，这种清醒的责任意识和所怀有的德性操持，决定了知识分子必定是一个负重独行的精神行者。不愿沉默的人文知识分子，在消费主义时代怎样担当自己思想延伸的使命，怎样在大众世俗日常生活中寻找到自己的精神基点？

>>2000 年，童心慧眼的季羡林先生

不愿沉默的人文知识分子，在消费主义时代怎样担当自己的思想延伸的使命，怎样在大众世俗日常生活中寻找到自己的精神基点？真正的知识分子赛义德逝去了，但他留给世界的巨大的问题和思想，会令东方和西方思之再三。赛义德的《知识分子论》，关注全球化时代东方知识分子的面对全球化的自我发言问题，认为知识分子作为社会的良知和公正者应为弱势群体发言，即使面对国际重大的话语权力和政治势力也不能涂抹自己的立场。面对后殖民时代，批判是学术发展的生命，但是如果批判仅仅是将知识消解为零散的碎片，仅仅不断复制自身的“批判话语”，而无视问题本身的深度和广度，就难以出现人类知识的新增长，致使话语批判变成时代知识主流的泡沫。

我们倡导多元文化主义强调尊重差异性文化。多元文化理论和实践的健康发展，取决于一种健康的文化心态，即既不以一种冷战式的二元对立思维去看走向多元的世界，也不以多元即无元的心态对所有价值加以解构而走向绝对的个体差异，而是在全球文化转型的语境中，重视民族文化中的差异性和特殊性的同时，又超越这一层面而透视到人类某方面所具有的普适性和共通性，重新阐释被歪曲了的民族语言，重新确立被西方中心话语压抑的国家文化形象。中国的现代性应该向人类体现出“东方智慧”，使得东方智慧在整个世界文化发展中成为新世纪社会文化的有效资源，由此展开东西方文化的真正对话，将有助于把东西方文化的对抗转化为不同文化体制的创造性互动。我们只有在东西方有效对话的前提下，进行现代性反思和价值重建，才有可能使本土性真正与全球性获得整合，从而冷静、清醒、坚实地进行自身的现代化建设。

在这个意义上，传统中国文化与当代中国文化研究，对新世纪“中国形象”的呈现有着重要意义：把握当代中国文化转型对社会发展的重大影响，清醒地认识新世纪中国文化和政治的基本走向，在那些制造“中国威胁论”的国际文化话语域中，强调文化创新对中国和平崛起的意义——在社会转轨中建立有效的公共文艺话语空间，使中国文化创新在不断明晰丰富和深度拓展中，推进“中国形象”的立场定位。

也许，这正是季先生对新时代中国知识分子重获自己文化身份的期许。

四、极高明而道中庸的学术建构

广被万物的爱心与知识分子的胆识，大千世界平等的思想与不争而无可与之争的智慧，在季先生那里体现得十分醒目。先生个性极为鲜明，如果来访者不学无术而又滔滔不绝者，先生就会面色木讷长久不言；如果是清纯学生求访解惑，他则每次必从家中送出来直到大门口默默招手告别，然而你回首远望让仍见老人在寒风中的苍凉；当九十高龄的先生仍然每天来回于图书馆并沉浸在《糖史》的广阔世界中，我和不少学子在北大博雅塔下目送先生挎着厚厚的书包沉默独行；电视台拍摄《北大魂》时，在湖边听先生畅谈知识分子的精神立场和价值身份的大胆和勇毅令后学失色；先生童心慧眼，喜欢养波斯猫、小乌龟等小动物，每天写作疲倦同它们亲近成为生活中天性流露的美丽场景；先生在病中坚持写作，总能在会议的间隙远离尘嚣写成美文；对学问坚持"在明明德、在亲民、在止于至善"，读了我写的著作或论文，花时间给我写长信一一指点，谆谆教诲……这些，让我闭目思来，心中感佩。

季老经常强调做学问要有世界眼光，但也不要妄自菲薄。北大从"五四"开始百年来，有人提出"打倒孔家店"在这里仍在发展，仍有学者追求全盘西化，有学者倡议废除汉字。这些做法季老非常反感。他认为世界上所有的学术没有什么新老之分，如果国外的知识也这样，古希腊的文化也可以不要了。全世界任何一个国家没有一个像中国这样妄自菲薄，对自己古代的经典断然地否定和排斥。西方国家对待古代文化经典恰和我们相反，他们在古希腊文化中找到源头，续接上他们的现代性。

季老对中国文化非常重视。他对我说，中国文化分为三个层面，包括思想文化、艺术文化、民间文化。他反复强调民间文化固然重要，但更要重视艺术文化；艺术文化固然重要，但更要重视思想文化。在中国，思想文化博大精深，比如儒家思想讲求刚健清新，"天行健，君子以自强不息""厚德载物""己欲立而立人、己欲达而达人、己所不欲勿施于人"等等。比如道家无为、不与天下争的思想。在现代社会，大家都很功利，人与人之间竞争激烈，人对自然无限索求。所以季老非常喜欢陶渊明的“问君何能尔，心远地自偏”，喜欢老子的“损之又损，以至于无为，无为而无不为”，喜欢《庄子·齐物论》的思想。对于佛教，季老非常重视玄奘的精神，反复提出中国一定要树立玄奘的精神。现在大众文化树立“小沈阳精神”，通过撒谎、通过作弊达到目的，我觉得很悲凉。玄奘取经没有什么丰厚的报酬，也没有什么高官职位等着他，但他仍坚定不移地往前走。

季先生有一个特点，即闻鸡起舞或者是鸡闻他起舞。北大有很多的学生号称“九三”学社，早上 9 点起床下午 3 点起床，难道中国文化的传承与复兴就交给这位老人，夜以继日地拼命写作吗？季老得了青光眼和白内障，在眼睛几乎看不见的艰难情景下，他对原始资料的充分占有，表现了人文科学家的严谨，而我们有些人现在道听途说，耳食之辞，网上拼凑就可以写论文，令人心痛！

季羡林先生有一个特点：只看《新闻联播》，所以他的作息时间是晚上 7 点看《新闻联播》，看完了以后 8 点钟睡觉，凌晨 4 点钟起，他睡 8 个小时。他对我谈过：其实今天我们很多大学没有新意的论文和资料都是文化垃圾。做学问打地基非常重要。当人们想修一个小平房，只需要把土平整平整就可以，要修十层楼房，地基挖浅了非倒不可。“楼有多高地基有多深”，要修摩天大楼就要有同样深的地基。在这个意义上，人各有志，高深的关键在于他要想做什么。

季老生于 1911 年，正好是辛亥革命，他是横跨几个时代和世界的人——从晚清进入民国，又从民国进入西方尤其是德国二战时期，1946 年回国正是解放战争时期，其后经历了 1949 年以后所有的运动。他痛感生命中用于写作时间太少——1949 到 1966 年，17 年间只发表了十几篇论文，其中有创新的只有五篇，没有专著。“文革”十年没有写作的可能性，这是他 40 岁到 67

岁之间黄金岁月的27年啊！1978年改革开放，被任命为北大东语系系主任、北大副校长、北大南亚研究所所长，又当选为第五届全国政协委员。这段时期天天剪彩、做报告，飞来飞去开国际会议，为人写序言，又没有时间写自己的著作，只好汇集零散的时间积少成多——“三上”写作，坐在主席台上在开会时也拿笔写，回家后他的一篇散文就写完了，或论文的一节也写完了。他说自己已经风烛残年，最美好的时光都浪费了。我想告诉今天的大学生，看电视、上网、玩手机适可而止，让自己宝贵时间做最重要的事情——眼光有多远路就有多远。

博士是一个铜币的两面，一方面说明本专业钻得很深，几乎达到不食人间烟火的程度，所以他达到很高境界；另一方面他由于精力在此，其他面就很有隔膜，甚至完全是处于无知状态，因此世俗处事、官场厚黑等，他可能完全不懂。我认为季老这一段论博士的话很精辟。其实，学问和学位不一定成正比。王国维、鲁迅、陈寅恪等学问很大，但都没有博士学位。就学问而言，中国古代做学问必须具有三大功夫，第一是辞章之学，不学诗无以言——要去学《诗经》，语言才有光辉；第二是考据之学，不找到那些独门独家的证据和材料，何以来承担理论大厦的支撑点呢？第三是义理之学，有了材料、文辞，却没有思想，一个额头里面没脑子怎么行呢？还必须加上第四，这是季老的贡献——比较之学，光是有辞章、考据、义理，但没有比较性的世界眼光，关起门说自己是天下第一，结果出去一看人类思想有很多互相补充的，同中有异、异中有同。季老走出国门十年获得了宝贵的资料，增补了学问之道的三大功夫为四个层面。

很多人说他做佛学，不对，季老是做佛经翻译，比如写于1947年的《浮屠与佛》揭示梵语Buddha（佛陀）一词的来源，过去人们一般认为“浮屠”或“佛”这个词来源于梵语，不对，其实早期汉译佛经中译作“浮屠”来源于一种方言俗语(大夏语),译作"佛"则是源自吐火罗语。这个结论我们听起来很简单,他却搜集了将近六年的资料,那些语言的资料很难取,而且这篇文章并不长。他的"三十年河东,三十年河西"的中西文化走向判断,也不是随便说的,他也做了很多的历史分梳。所以,他补充了从汉学到晚清中国做学问的三大要点,从辞章到考据,从义理到比较之学。

学者得真正去思想怀胎十月,艰难地文字诞生,以生命获得思想的诞生。这就是我们经常说的殚精竭虑!这一代大学者的黄金岁月已经过去,等到能够写作时已经古稀之年。写作是要用生命去搏的,玄奘翻译了19年,在60出头就死了。季羡林先生把自己的字改成"齐奘"颇有深意。可以说,

>>2007年王岳川看望生病住院的季先生秘书李玉洁女士

季老的"齐奘"笔名显示出他见贤思齐的"玄奘精神",更表征了他对东西方的文化交流史和中国新世纪文化战略的深远眼光。季老晚年黄金写作岁月已逝,主要精力只好放在主编上。这提醒我们学问还是要趁早,在年轻力壮、精力充沛、知识积累比较丰富的时候就要痛下功夫,才能登高行远。

五、在高山仰止中怀有常人心态

季老亲口告诉过我:"文革"期间他被勒令扫地,从北大的南校门扫到三角地到一教学楼,将近一千米,最初拿着扫帚的时候很沉重很痛苦,加上没完没了的批斗鞭打,多少次想着自杀。有一位年轻教师(后来成了季老的助手)每天等在路上,在红卫兵的监视下跟他擦肩而过鼓励他不断说一句话:要活下去不能自杀。后来他想通了,于是将扫地看作华尔兹一般,他在德国呆过,扫一步走一步,他突然觉得变了,天地变了,景色变了,灰尘变了,心态也变了。后来不罚他扫地了,去了收发室接电话,他做了让人们匪夷所思的事情——翻译《罗摩衍那》。他每天在家将原文一页译成散文,上班后放在抽屉里面,一看没人他就拿出来翻译成诗句,写到一个小本本上。他根本就不知道"文革"什么时候结束,谁也不能告诉你十年就结束了。等到"文革"结束,人民文学出版社出版了先生翻译的印度两大古代史诗之一的《罗摩衍那》,9 万余行,震惊学界!此时季老还穿着他的老布衫子,还是一个勤勤恳恳的工友心态。

"文革"结束他被任命为副校长,正值 77、78 级同学入学,一个学生看见他,就让他帮着看行李,第二天开学典礼才知道他是副校长。季老说很简单,那个大学生来了找不到地方,他看见我像个工友,事实上我就是工友。甚至普通到在大众空间中有点不协调,比如他出去开会,戴着旧帽子,中山服上还有一些中午吃完的稀饭汤，然后坐在那儿很木讷。他像颜回，很少说话，嘴角总是微笑，性情很童心。

他在写《糖史》的时候出了一件大事。他有两套房，一小套是他的居室，另一套房间是他的书房，书房窗台离地将近一米九，他长时间写作后肚子饿了，去推门的时候发现他被出去买菜的保姆锁在里面了。他想吃点东西，居然推开窗跳了下去——以为自己还是少年，结果一下去踝关节粉碎性骨折，他忍着痛去吃饭，大家看他走路一拐一拐的，他说没事。到下午肿大了，晚上赶紧送到医院。已经快90岁的人，一个对学问如此严谨的人，对自己的身体却如此大意。

他写《糖史》的时候每天要去图书馆，就骑个自行车，毕竟平衡能力不行了，也就不骑了。他说我不怕摔，但怕把别人撞了，于是改成了走路。有一天傍晚下雨，我远远地看他脸色特别庄严，提一个很朴素的包，我站在旁边就不敢走上去。他从远处走来目不斜视，我相信他脑子里面根本就没有看到凡俗的事情，他好像就走在一条漫漫黄沙的唐僧取经西行路上，他好像看到那些新材料在他笔下构成东西方科技文化交流的历史长河，他似乎忘掉了雨滴打在他的面颊上……心无旁骛、视而不听、听而不闻就是这样的状态！我一下子怔在那儿，我的一些学生看到我站在那儿，挨着我站着，排成一排，目送百岁老人从我们身边缓慢而坚韧地走过去。

季老出生在山东，他的性格与齐鲁文化有关系。齐鲁大地，一方面是鲁地持续产生高规格的大思想家，有孔子、孟子、墨子、诸葛亮、刘勰等思想家，另一方面是齐国的“百家争鸣”。山东是齐文化和鲁文化的融合之地，代表了齐鲁两种不同的思想方式，齐文化尚功利，鲁文化重伦理；齐文化讲求革新，鲁文化尊重传统。一种是多元开放，一种是仁义礼智信。

有一次，国家把翻译注释玄奘《大唐西域记》的任务交给了季老，他非常高兴，他当时说《大唐西域记》不太厚，但非常重要，里面翻译注释的问题很多，国家能够把这么一个任务交给我，我将组织一个很精干的团队来做好。他接到这个任务后辗转睡不好觉，跟我说玄奘的时候流泪了，“文革”那么多的艰难他都是带着微笑甚至距离去谈，唯独这次却流泪了。他说玄奘是有精神的，作为佛学大师、翻译家、中外交通和中外文化交流使者，玄奘所代表的文化精神表征在：舍身求法不断前行的献身精神，不计得失百折不挠的探险精神，孜孜不倦执着求知的吐纳精神，心归大唐一心向东的爱国精神。这种民族精神已经凝聚在民族文化神经系统中，成为中华民族的集体无意识。

我与季老相识近30年，我认为季羡林先生对中国学术的思想贡献在于十六个字：国学根基，西学方法，当代视野，未来战略。国学根基，尽管你可能一辈子不做国学，但是国学根基一定是需要的，那是一个学者文化身份的根本；西学方法，他做的所有的研究方法是非常严谨的，有一份材料说一分话，分量很重；当代视野，他后期所有问题都与中国当代乃至人类当代有关。很多人认为王国维是一个跟当代没有关系的学者，非也！王国维翻译叔本华和尼采的著作，为了唤醒民智；写《人间词》和《人间词话》为了民族保持童心慧眼；敦煌学和甲骨文研究是因为那么多外国人把敦煌经文等搬到国外，那么多西方人把甲骨文弄到西方，有人说甲骨文在中国，甲骨文研究在西方，王国维不同意！他研究蒙古史，是因为外蒙古将要独立出去。可以说，王国维每一步学问都跟当代相关。季老也是这样的，他晚年“河东河西论”“中国文化崛起论”，“21世纪是中国文化世纪”等等，仔细看看都是当代视野。最后是未来战略，他提出的人类未来蓝图就是互相取长补短，所以关于中国文化，他用了一个词叫作“送出去”，我说“输出去”，现在的国策是中国文化“走出去”。

季老的人生哲学堪称自然中正，为后人留下了宝贵的人格榜样。《牛棚杂忆》是一本讲真话的书，季老讲求宽容，更重真理，平生不说假话；他热爱所有生命，爱无疆界，重视亲情，善待动物，衣食朴素，洗尽铅华，惟以学问思想动人，其高洁的人格襟抱宛如朗润园中一丛“季荷”。从季老身上，折射出一代知识分子平凡而神圣的光辉。

六、中国身份与第二次文艺复兴

季老最初是做佛教语言研究，慢慢变成综合性的、往上升华的东西方文化比较，这就是他的文化战略眼光。举一个例子：全世界基督教徒有 31 亿，伊斯兰教徒有 13 亿，印度教教徒有 9 亿，佛教徒才 4 亿，佛教是一个少数教派。季老研究佛教语言层面问题，他的研究和文化精神这个关键问题紧密相关。

我想说的是，学问与人生紧密相关，学术与民族身份和民族文化命运紧密相连。如果说，人类“第一次文艺复兴”是五百年前“西方文艺复兴”，那么，21 世纪正在出现一次文艺复兴，那就是“东方文艺复兴”！如果说过去的西方文艺复兴带动了整个西方现代性和现代化，使得火车、汽车、飞机、电影、电视、激光纳米等技术为人类所有，但是我们知道“现代性”导致在人类“物质生态”方面出了问题，在“精神生态”方面出了更大的问题。中华民族在大国崛起时，在 GDP 总量成为世界第二时，应该提出人类的未来良性发展蓝图。季老的思想就是通过资料的积累努力提出中国文化发展战略和人类和谐发展模式，引起东西方人们的思考和关注，他为第二次人类文艺复兴——东方文艺复兴作出巨大贡献！

自从《人民日报》1993 年 8 月 16 日发表了《国学，在燕园中悄然兴起》以后，在全国一部分学人中，特别是青年学生中，引起了轰动。季羡林认为，原

>> 温家宝总理到 301 医院看望季羡林先生

因就在于“弘扬中华民族的优秀文化”这个口号的提出。这个口号顺乎人心，应乎潮流，它说到了人们的心坎上。“国学”的目的，就是从事探讨研究中华文化优秀之处究竟何在。国学绝不是发思古之幽情，而是与现在和过去有密切联系，又与未来有密切掌握。国学还能帮助我们弘扬中华民族的爱国主义传统。[①] 爱国主义在中国有极悠久的历史传统。中国的知识分子，古代所谓“士”，一向有极强的参政意识。“天下兴亡，匹夫有责”，就是这种意识的具体表现。从孔子、孟子、墨子等等先秦诸子，无不以治天下为己任。

---

① 参见王岳川编《学问人生——季羡林自述》，山东友谊出版社 2006 年版，第 288 页。

尽管他们的学说五花八门,但是他们的政治目的则是一致的。连道家也不例外,否则也写不出《道德经》和《南华经》。他们也是想以自己的学说来化天下的。故而,季老说他爱国不敢后人,“即使把我烧成灰,我也是爱国的”。他认为,一个人不但要爱国,还要爱人类、爱生命、爱自然。这使他“人生不满百,常怀千岁忧”,内心永远充满忧患意识。

一个例子给我印象很深,我有一批访问学者和博士快毕业了,都很敬仰季老,但是知道不能打扰,他的门口经常贴了一张小纸“请不要敲门”。我就试着打了一个电话,李玉洁秘书接了,说王老师的学生季老是要见的。进门的时候李玉洁秘书跟我说15分钟,不准拍照,因为当时季老青光眼已很严重了。但这些学生一见到季老就忘了,一阵闪光拍照,秘书质问谁在拍?季老马上就说不要吵,孩子们来看我要轻言细语。过了15分钟,秘书不断提醒我时间,她是为了季老好。我说同学们走吧。季老不同意,说大家继续谈。谈到40多分钟季老才送大家出门,我们沿着蜿蜒的未名湖后湖走了大概300多米,回头看见老人还在扬手,依依不舍。他深深知道自己没几年了,他要通过这种非常具体的人格传承把一种素养植入这些博士们的心灵中。我们知道北大老师非常忙,拜访者还没下楼门就“嘭”的一声关上了。学生会怎么想?觉得好像被扫地出门,等不及了让我走掉的感觉。这些学生见一次季老,身教重于言教,比我教诲多次还要管用,纷纷刻苦努力而且坚持中国文化身份和中国立场。

第二个让我很感动的事情是:我给他编了四卷本《季羡林学术精粹》,还有一本《季羡林学问人生》,一共五本约240万字,山东友谊出版社给他一大笔稿费,后来季老捐给了家乡临清的一个小学。要知道季老的钱不是炒股炒出来,在稿费那么低的情况下,他是一字字写出来的。季老视金钱如粪土,省吃俭用把钱捐到最需要的地方,报答他儿时的母校教育之恩——他从临清这个小地方出来，进入了济南，进入了清华，进入了德国，是从家乡一步一步走向世界的学者。反过来他要回馈家乡。一方面从学问传承角度言传身教，另一方面以金钱去报答最需要的人，这是他的“极高明而道中庸”的人格体现。

艺术文化方面，季老非常强调琴棋书画的修养。季老自己就写书法，有不少书法作品。季老也喜欢画画，和范曾是好朋友。他在世的时候对我说："你画的鱼有神游的味道，我很想要一幅作为生日礼物。"我现在很愧疚，因为太忙了，那幅《神游》是工笔画，要好几天才能完成，所以一直没有完成，现在感到无限遗憾。季老很喜欢收藏，其收藏大体开始于1946年后，将自己的

>>2006年在301医院住院的季羡林先生

收藏下限定在了齐白石,其余的都不及相顾。他的收藏数量庞大,包括苏东坡的《御书颂》等。季老也很喜欢听音乐。每年中秋,我都到未名湖拉《二泉映月》。记得有一年中秋节湖上人太多,我就到安静的后湖,到了季老窗外的"季荷"旁边轻轻地拉《二泉映月》——他室外有一片自己栽种的荷花,所以叫"季荷"——结果第二天上午他告诉我,学校昨天晚上广播了《二泉映月》,播了三遍,真好听。我说那是我拉的,祝您中秋节快乐。季老对艺术文化非常重视,他特别强调北京大学必须要有艺术教育。他认为没有艺术教育培养出的学生是精神干瘪的学生,缺少艺术的人生是不完美的、有缺陷的、被异化了的人生。

关于民间文化,季老对节日文化,比如春节、端午节,还有日常习俗,比如孝心、仁义礼智信等都很看重。在这些方面季老一向身体力行。季老夫人年龄比他大,而且没什么文化,但他和夫人却能白头到老,让很多人很感动。他总是给同事以尽可能的帮助。在此我讲一件事。北大另外一位名教授跟季老一直有矛盾,季老就跟我说:"我做系主任和副校长时都力求尽可能多地照顾这个老师,职称让他先评,教授让他早当,但他还是有意见,我也没办法。我只能尽到我的心意,他不能理解就算了。"这些事他都是对自己委曲求全,让别人感觉更舒服些。

对于做好中国学问,如前所述,季老特别强调考据之学、辞章之学、义理之学都必须做好,少一条也不行。在做学问方面,季老讨厌望文生义,随便瞎说。做好中国学问的同时,季老也强调要汇通中西。他告诉很多北大中青年学者,包括我,要把外文学好。他本人就懂多种外文。他对不正的学风很反感,要求不管别人怎么做,我们要坚持北大的学风。季老做人给我一个深刻印象是心怀天下,"致广大而尽精微,极高明而道中庸"。他乐于奖掖后生,支持年轻教师,比如我评职称、发文章,季老都非常关心,对即将毕业希

>> 季羡林先生与夫人彭德华

望看望他的访问学者、博士生、硕士生都非常欢迎，拉着谈学问，让同学们非常感动。

生活上季老极其节俭，甚至对自己极为严苛。我经常看到季老吃饭极其简单，三菜一汤，他说只有吃得清淡脑子才好使。在德国留学十年后，季老喜欢上吃冰激凌。但他家的冰箱很差，吃不完的冰激凌放在满是剩菜剩饭的冰箱中总是串味，有时是辣椒味的，有时是咸菜味的。他的秘书、朋友就买了个小冰箱让他专门放冰激凌，他知道后很生气，觉得怎么可以随便花钱。季老家里的衣服、皮包、帽子、雨伞全是破旧的。我有次去看他就说，先生您这样有损国际形象。他哈哈大笑说，不会的，反而会为中国形象加分。

>>2006 年季羡林先生与山东友谊出版社总编丁建元

同时，季老又有那种大爱，他的大爱广被万物，比如对猫狗，他家有六只猫，季老还能叫出名来。有一次在桌上写字，那猫看见他钢笔在移动，就拿爪子去抓他的笔，他也随它任意妄为，目光中极为宠溺。后来猫一只只死了，他一次又一次的伤心。季老还养了三只小乌龟，有一天秘书打电话与我说跑了一只，等一会儿先生写完书看不到会无限伤心的，我们只好叫人赶紧去市场买了一只类似的小乌龟。过了两天秘书又打电话说让我赶紧过来，原来的那只小乌龟爬出来，现在成四只了，季老正在那儿纳闷为什么成四只了？我们只好坦白。

"老骥伏枥，志在千里。烈士暮年，壮心不已。""天意怜幽草，人间重晚晴"等，读起来也颇让老人振奋。季老常说：人们吃饭为了活着，但活着不是为了吃饭。这是我的最根本的信条之一。我看到，季老对生死之事确实没有多虑。关键在一个"应"字。这个"应"字由谁来掌管，由谁来决定呢？既然不由自己来决定，那么——由它去吧。季老曾说："我是曾经死过一次的人。……从 1967 年 12 月以后，我多活一天，就等于多赚了一天，算到现在，我已经多活了，也就是多赚了三十多年了，已经超过了我的满意程度。死亡什么时候来临，对我来说都是无所谓的。我随时准备着开路，而且无悔无恨。……我自己的确认为死亡是微不足道极其自然的事。连地球，甚至宇宙有朝一日也会灭亡，而人类何足挂齿！"

季老是人中慧者。我始终认为，孔子、老子、苏格拉底、柏拉图、尼采……这些东西方大哲和我是同一代人，我们面对同一个问题，就是怎样生，怎样死。与他们对话，就是在思考我们个体的生命。我深切地体悟到：季先生已然完成了他的百年历史使命，他敦促发现东方和文化输出的新一代学者接过他们这一代学者的文化重担，坚定不移地将中国"天人合一"的和谐文化推向世界！

附录　两代学者的学术对话①

一、东方思想与西方思想的互动和对话

王岳川：您老每天凌晨 4 点即起床写作，可谓闻鸡起舞。这图景在北大口碑相传，不胫而走啊。

季羡林：不，不是我闻鸡起舞，而是鸡闻我起舞。过去我是早晨四点起床，现在是三点起床，每天工作又增加了一个小时。一到三点，就好像有根鞭子抽着让我非起来干活不可。

王岳川：先生说的是大实话。我知道先生为了写《糖史》，曾经从 1993 年至 1994 年用了差不多两年的时间，每天来回几里路去北大图书馆，风雨无阻，寒暑不辍。我注意到，近三十年，您撰写了近三百篇学术论文，出版了十几部学术著作，显示了您思想自由之后的生命力勃发的写作状态。

① 本文根据同季老多次谈话记录和录音整理，地点分别是北大朗润园先生家中、301 医院等。

王岳川:谢谢您送我一套近三十卷的《季羡林文集》,并授权委托我选编《季羡林学术精粹》。我通读了文集两遍,每读一次感受就深一层。您精通英、德、俄、法、梵语、巴利语、吐火罗文等语言文字,焚膏继晷,已超越常人的

>> 季羡林先生与于光远教授

工作热忱而“止于至善”：从考证到义理之学，从东方语言学家到东方学家，从印度历史文化到比较文学的研究，从佛教语言研究到中国文化身份思考，皆拓展出一个多元的文化研究域。我注意到，您在多个领域中都有很深的研究，如印度古代语言、吐火罗文、印度古代历史和文学、印度佛教史、中国佛教史、中亚佛教史、糖史等，涉及众多新兴学科的中印文化交流史、中西文化之差异和共性、美学和中国古代文艺理论、德国及西方文学、比较文学及民间文学等。可以说，您不属于任何一个固定的研究领域，也不屈从于任何专业狭小的圈子，而是打通中西古今，透悟人类智慧，创新东方新思维。

季羡林：我们那代人受了很多苦，所以非常珍惜时间和生命，尽量让自己每时每刻都处在一种学术的生活当中。我研究的东西都比较冷门，如印

>>1983 年季羡林先生参加第六届全国人民代表大会留影

度佛教语言学、巴利语、吐火罗文等都是比较冷门的专业。

王岳川：先生做学问不局限在自己的所谓专业的领域中，而是有广阔的人文关怀，尤其是关注全球化时代东方文化复兴的意义，提出“21 世纪是中国的世纪”“中国文化送出去”等重要理论，引起学界广泛的关注和论争。

季羡林：我上世纪 1991 年在《21 世纪：东方文化的时代》中就认为：现代性的西方文化过分强调竞争，已经显示出诸多弊端，东方文化将在未来岁月中显示出魅力。西方形而上学的分析已快走到尽头，以分析为基础的西方文化也将随之衰微，要兴起的必然是以寻求整体的综合为基础的东方文化。当然，这并不意味着一定要用东方文化取代西方文化，而是在西方文化已经达到的基础上更上一层楼，把人类文化提高到一个前所未有的高度。

王岳川：尽管有人对您的观点加以批评，但中国崛起的事实已经证明您是有远见卓识的。

>> 1988 年季羡林先生在长城

季羡林:中国一些人长期以来只相信全盘西化,似乎西化是万灵之药。其实这是很有问题的,也是对国家人民不负责的。有一点我是有信心的:21世纪将是中国文化(东方文化的核心)复兴的世纪。现在世界上出现了许多影响人类生存前途的弊端,比如人口爆炸、大自然被污染、生态平衡被破坏、臭氧被破坏、粮食生产有限、淡水资源匮乏,等等,这只有中国文化能克服。这就是我的最后信念。

王岳川:在我看来,中国的和平崛起应该向整个人类体现"东方智慧",人类的未来不是战争和毁灭,只能是东西方文化的真诚对话和平共处。

季羡林:人类最缺的不是物质,而是和谐。中国提出和谐发展理念对于世界当下和人类未都来重要价值。

王岳川:和谐理论中庸之道在人类日益激烈竞争和战争中,显示出其生命力。"五四"时期,北京大学一些教授提出要废除汉字、全盘西化、打倒孔家店诸说法,启蒙与救亡在特殊历史时代有一定的历史合理性,因为当时中国战争频仍经济疲弱,综合国力地位排名在全球100位以后,但是到了20世纪90年代和21世纪初,中国的综合国力地位已经排名全世界第三,如果文化自卑主义、文化虚无主义仍然甚嚣尘上,那就是一个文化背景错乱的症候。而中国学人遭遇的问题是,西学知识能够给我们怎样的地基?西学知识是否不可以怀疑?西方的思想话语具有的虚无性是否不应该批判?和谐思想是中华民族为人类提供的解决冲突和战争的重要方式和途径,也是人类走向未来需要遵守的最高原则。

季羡林:和谐在整个世界的动荡中,意义极为重要深远。我认为,如果每个国家都像中国这样,不侵略别的国家,也不许别的国家侵略,那么这个世界就会和谐幸福得多。可以说,和谐是未来世界的重中之重。

王岳川:中国的和谐发展观参透了运行于世界的规律,所以强调中和中

>>2000 年德国驻华公使代表哥廷根大学授予季羡林先生金质奖章

道,追求不急不缓、不过不及、不骄不馁的生命精神至境,坚持不偏不倚,不过分竞争开发,保持自然生态的和谐,保持精神生态的健康和谐。和谐中庸思想在新世纪仍然有其不可忽略的全球性意义和世界性价值。

季羡林:《三国演义》说,天下大势,分久必合,合久必分。中国古人伟大之处就在于要求团结统一,不要求分离。今天,我们也可以通过中国文化的世界性传播,将中国的和谐观点逐步让西方人接受,从而使世界走向和平。

王岳川:我们正在做这方面的工作。我注意到,韩国金京一教授在《孔子死,国家兴》一书中记载了一则资料:1995 年,在韩、中、日三国曾有一份民意调查,问“东方的儒教文明,能成为现代世界普遍指导理念吗?”在被调查者中,回答说儒学文明是现代指导理念的,韩国占 90%;中国占 22%;日本占 63%。这一份民意调查,意味深长。中国知识界应该警醒。

二、知识分子的价值和身份

季羡林:中国知识分子有源远流长的爱国主义传统,即使有时激愤想到海外定居,但爱国主义在他们心灵深处已经生了根,什么力量也拔不掉的。我生平优点不多,但自谓爱国不敢后人,即使把我烧成了灰,每一粒灰也还是爱国的。

王岳川:爱国是知识分子的底线,正如孝敬是做人的底线一样。我看到一些知识分子,从来对父母不孝敬,对国家深怀仇视,总想打碎重来。真正爱国的知识分子作为社会的良知和公正者,应为弱势群体发言,即使面对国

>>1998 年伊朗驻华大使代表德黑兰大学授予季羡林先生荣誉博士学位

际重大的话语权力和政治势力也不能涂抹自己的爱国立场。当代中国知识分子重要任务是，向人类展现出“东方智慧”，使世界由单极霸权向多极和谐发展。

季羡林：我认为，中国文化在新世纪有广阔的前景。但是需要好好总结，提炼出仍然有生命力的中国文化精神和元素，再送到其他文化区域去。

王岳川：您提出的思想就已经在学界很大胆了，具体的工作年轻一代的学者会继续做。学术界有的朋友不太理解，您九十高龄为何不颐养天年，而是仍然每天来回于图书馆收集资料写作？

季羡林：我们这一代在各种会议和“文革”中浪费了很多时间，现在仍然被很多琐务缠身，没有完整的时间，只能挖空心思利用时间的“边角废料”。在会前、会后，甚至在会中，构思或动笔写文章。我写过一篇文章说，有不少会，讲空话、废话居多，传递的信息量却不大，态度欠端，话风不正，哼哼哈哈，不知所云，又佐之以“这个”“那个”，间之以“唵”“啊”，白白浪费精力，效果却是很少。在这时候，我往往只用一个耳朵或半个耳朵去听，就能兜住发言的全部信息量，而把剩下的一个耳朵或一个半耳朵全部关闭，把精力集中到脑海里，构思，写文章。当然，在飞机上、火车上、汽车上，甚至自行车上，特别是在步行的时候，我脑海里更是思考不停。这就是我所说的利用时间的“边角废料”。积之既久，养成“恶”习，只要在会场一坐，一闻会味，心花怒放，奇思妙想，联翩飞来；“天才火花”，闪烁不停；此时文思如万斛泉涌，在鼓掌声中，一篇短文即可写成，还耽误不了鼓掌。倘多日不开会，则脑海活动，似将停止，“江郎”仿佛“才尽”。此时我反而期望开会了。这真叫做没有法子。

王岳川：我多年前曾经同北京电视台编导到您家一起拍摄《北大魂》时，在湖边听先生畅谈知识分子的精神立场和价值身份的大胆和勇毅实在是令后学失色。您说:“百年北大建校初期,校长大多是学富五车之士,而多数禀有真正的人文知识分子精神。北大发展中的校长起的作用最大的,第一位是严复,是了不起的,翻译的《天演论》对中国影响非常大,第二位是蔡元培,他的兼容并包、思想自由很重要,今天还有人对此有不同意见。他一方面聘请李大钊、陈独秀、鲁迅、胡适,另一方面聘请与他们针锋相对的辜鸿铭、林纾等。第三位校长是胡适,对学校的管理自由而不散漫,第四位马寅初,他的人口论当时遭到批判,现在承认了,当时要是听他的话,今天中国的经济形势就不是这样。其后的一些校长,有的在人格眼光胸襟才华上大不如从前了”;还说“创一流大学,北大文科就是一流的,如果不好好提升,则是重大失职。文科作为真正的一流,应该好好扶持啊”。

季羡林:是的,人老了顾虑就少了,就更该说真话,像巴金那样说真话!

王岳川:中国文化发展目前问题还很多,尤其是人文科学不受重视,使得整个民族的文化创新和精神生态出现了不少问题,在一个国家中英文考试在升学、考研、提职称等中比重过大,其负面效应已经显示出来。

季羡林:国家发展我感觉重理轻文,这是一个很大的问题。自然科学技术和经济腾飞有个限度,如果没有文化作为基础,所谓腾飞只能抄袭别人,自己要创新要发展必须以本国本民族文化为基础。

王岳川:您 2005 年提出,每位大师都是不可超越的,每个大师都是一座丰碑。这实在是东方大国崛起中的文化自信和文化自觉,深隐着人文科学独创性是不能用自然科学来规划的独特思想。您这种敢于发表新论,决不与人雷同,不怕他人在东方复兴和重写文学史等话题后的争论攻击,是出于怎样的考虑?

季羡林:事实就是如此啊。在人类文学史和学术史上出现的伟大诗人和学者,仅仅一次出现就成为永恒的存在,而且不可超越。论诗人,中国的屈原、李白、杜甫等,西方的但丁、莎士比亚、歌德等等都是;论学者或思想家,中国的孔子、司马迁、司马光以及明清两代的黄宗羲、顾炎武、戴震、王引之父子、钱大昕等等都是。章太炎是不可超越的,王国维是不可超越的,陈寅恪是不可超越的,汤用彤同样是不可超越的。

王岳川:我很同意您的看法,这些伟大的诗人和学者都是原创者,所以不可超越。原创性是跨时代的首创,其新异性影响后世千百年。“原创”有四条原则:一,它直接成为了经典,只要是原创的就必然是经典;二,它会历久弥新,人们总是能从中找到新的和符合当下的文化精神资源;三,文化软实力能量巨大,不仅在一个狭小的专业领域有影响,而是在整个人类历史领域有重大影响;四,按照中国古代说法它是“神品”,神来之笔,不可多得,不可端倪。王羲之微醺书写《兰亭序》,等他酒醒了再写多次却达不到那样的高度,这就是“原创性”的不可复制性! 总之,原创会直接成为永恒经典,对后世影响深远;原创横跨多种领域,产生爆发性的能量,不可端倪不可超越。而“创新性”,是一时一地或是一个流派,就是说它可以“半创”“四分之一创”、甚至是“微创”都可以,都叫“创新”,它与成为史载,成为经典的原创不同,它会被历史记一笔——创意新颖,人们会为它的新奇而感动,具有一定的当代影响,大抵只能红三两年,其影响超越不了这个时代。“标新性”的标志是成为“事件”,发现什么吃香,什么成潮流、成气候就去标新立异,只满足于各领风骚三五天。如果有的学者在电视作秀上再往前迈半步,也会成为一个“事件”;惟新是求,结果是被更新的超越——很快就会被另一种比它更标新立异的东西所取代,所以它是短暂的。

三、玄奘精神与中外文化交流

王岳川:玄奘西行求法显示出重要的民族精神。公元627年秋,唐贞观元年,25岁的玄奘离开长安,开始了孤身求法的西行历程。在印度取经17年,游历了一百多个国家,遍访各地名僧大德,使国与国人与人之间互相尊重和平相处。玄奘回到长安,拒绝了高官而先后在长安慈恩寺和铜川玉华宫等地潜心译经19载。他不分昼夜译经,留下1335卷佛经译本,广泛影响了日本、朝鲜、东南亚各国。其可谓文化拿来的代表性人物。作为佛学大师、翻译家、中外交通和中外文化交流使者,玄奘所代表的文化精神表征在:舍身求法不断前行的献身精神,不计得失百折不挠的探险精神,孜孜不倦执着求知的吐纳精神,心归大唐一心向东的爱国精神。这种民族精神已经凝聚在民族文化神经系统中,成为中华民族的集体无意识。玄奘精神对全民端正人生道路,学会做人的基本准则,培养面向世界的眼光有着重要的影响。今天,玄奘的精神值得提倡,他那坚定的誓言——不求得大法,誓不东归一步,仍然有着鼓励人心的意义。不管《大话西游》如何"大话"他,都表明了妖魔的七情六欲对一个矢志不渝的高僧的诱惑没有效果。今天人们拜倒在消费主义、拜金主义和及时行乐的思想下,玄奘精神被遮蔽。有人恨不得把全世界的金钱据为已有,恨不得把天下美女据为已有。玄奘一个托钵僧,身无分文,力排万难苦行求经,无疑具有针砭时弊和疗治人心之功用。

季羡林:鲁迅先生称"舍身求法"的人为中国的脊梁。玄奘西行求法表现出中国文化中那种坚毅不拔的精神和面对世界的眼光。玄奘作为中华民族的脊梁为中印文化交流作出了杰出的贡献。"2006中印友好年"将使世界重新认识玄奘精神和文化传承的巨大历史遗产。"重走唐僧西行路"将使新世纪“文化拿来”和“文化输出”成为人类文化平等交流的重要方式。

王岳川:“重走唐僧西行路”是一个很有意义的话题,但是,也是一个被闲置很长时间的一个话题。玄奘在中国历史上一再被遗忘、被误读,如果说历史上真实的玄奘今天还在我们的学术书上出现的话,那么《西游记》第一次把玄奘置于一个不太高的地位,以至于很多研究文学的人就认为,原来师

>>1985 年季羡林先生再访印度

傅的手艺,还不如徒儿们。很多的中学生看了《西游记》的电视剧以后,也纷纷表示有一种对唐僧的不理解。经过周星驰的电影《大话西游》对玄奘进行了扩大化的误读。“重走唐僧西行路”的一个重要意义是对玄奘历史地位的恢复,彰显他的本来的价值及以他的中国脊梁精神。

季羡林:玄奘精神在今天尤其值得提倡。当年我应中华书局之邀重新注释和翻译《大唐西域记》,激动得一连几天睡不着。很长时间,我就想把这本书好好地注释,并且翻译。但是呢,由于人力和各个方面的原因一直未能实现。这次委托我来负责,我感觉到特别的激动!因为玄奘,是个了不起的人物,是我心目当中的一个偶像!“重走唐僧西行路”不仅具有文化交流反哺意义,还有重新寻找玄奘精神的当代意义。

王岳川:今天“重走唐僧西行路”是一个让玄奘本来的面目重现于世,让中华民族重新认识他的价值的时候。严格地说,玄奘西行是跳墙走的,不是像今天广开国门,而是处于唐朝刚刚建立的情况下,当时战乱还未结束,西部也不安全,僧侣出国非常艰难。玄奘行西行 17 年,回国 19 年,一去一回将近 40 年!可以说,他把自己的一生都献给了伟大的佛学事业。但很奇怪,他所创立的“法相宗”寿命并不长。“法相宗”和“禅宗”相比,“禅宗”更具有普及性。可见外来的文化不与本土文化相结合,就最终可能会渐渐只是属于专家、高僧等一线的研究者,而不会成为全民的文化遗产。如果我们给玄奘定个位的话,他是文化拿来主义的杰出代表。

季羡林:印度文化很值得研究,玄奘的重新被发现或者被关注,将使印度重新认识中国,因为中国文化保存了中古印度的那段重要的宗教和历史文献。

王岳川:相当长一段时间内,中国被西方的媒体妖魔化,由于印度的主流的语言是英语,他们受欧美的影响非常大。我最近注意了一下,中印文化交流当中，存在很多问题，很多的不理解甚至敌视。您曾经告诉我，印度一直为他们的历史上佛教的衰败而担忧，今天，很多印度人已经不懂梵语了，我们今天还可以说古汉语的句子和成语。玄奘精神，他为何西行，为什么要回来，究竟是什么样的成果，有什么意义？老百姓不清楚，老百姓只知道《西游记》。

季羡林：玄奘是一个淡泊明志，专门利人的人。我喜欢从利人与利己两个角度看问题和识别人：一般而言，利人超过利己就是好人，而利己多于利人就不是好人，不利人专利己就是大坏人，毫不利己专门利人那就是圣人了。利人的程度越高，好的程度也就越高，玄奘利人的程度很高，所以玄奘精神值得尊重和学习。我很欣赏敢说真话的人，不喜欢人既当奴才又当庸才。凡是顺杆儿爬的，我都不喜欢。凡是有不同意见的，敢于发表自己的看法并坚持到底的，才是真正有血性的人。

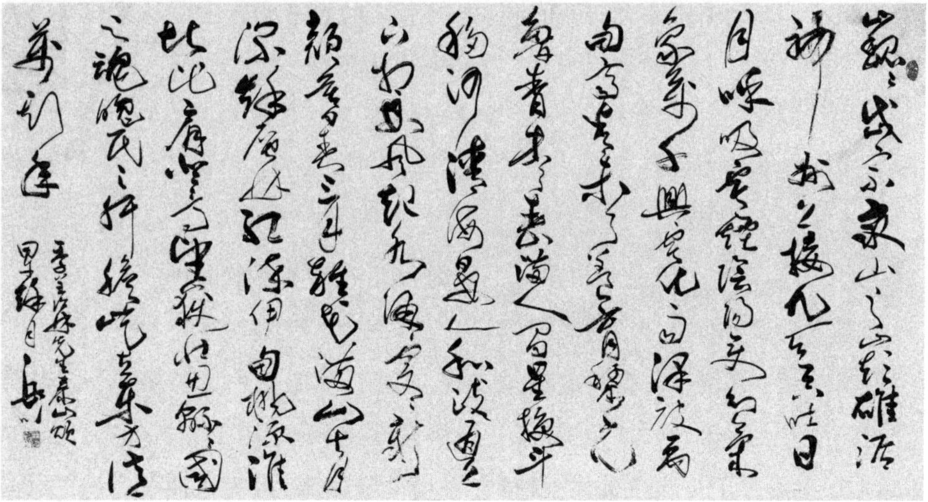

>>2014 年王岳川书季羡林《泰山颂》

王岳川:您在2005年写了《泰山赋》,并获得诗歌大奖,显示了爱国主义和对国家长治久安的歌颂。真可谓:充实之谓美,充实而有光辉之谓大!

季羡林:《泰山颂》是我2005年8月30日在病房中写就的,是我坚信中国崛起的诗性表达:巍巍岱宗,众山之巅。雄踞神州,上接九天。吞吐日月,呼吸云烟。阴阳变幻,气象万千。兴云化雨,泽被禹甸。齐青未了,养育黎元。鲁青未了,春满人间。星换斗移,河清海晏。人和政通,上下相安。风起水涌,处处新颜。暮春三月,杂花满山。十月深秋,层林红染。伊甸桃源,谁堪比肩。登高望岳,壮思绵绵。国之魂魄,民之肝胆。屹立东方,亿万斯年。

四、文化输出的重要艺术环节

王岳川:作为学者书法家的您鲜为人知。其实,书法家的标准不在于他是否加入了书法家协会,而在于他对中国书法的思考和推进的深度,以及创新和传承的力度。您题赠给我的"极高明而道中庸"的行书中,感到"高明"与"守中"的度——写得不温不火,无法而法度皆备。您的很多书法作品,其中的历史深度和学术眼光同一般的文人墨客的题咏判若霄壤。

季羡林:我喜欢书法,但是不敢写,后来看到有的领导的字比我还差也敢题写,于是我的胆子也大起来了。记得我在清华读书的时候,一位德国人教德文。教室里前边有一块黑板,后边也有一块。我们学生好奇,上课前在后边黑板写了几个字。这位德国人一上课就看着后边的黑板不动,学员一看就问他怎么不讲课?他说,我不认识中国字,我看中国字是看线条。你们写的字,也能看出一些线条来,就是线条美。我认为,过去提倡美育,北大基本上还是有兴趣,过去当政的某些人大抵喜欢书法,好坏不说。提倡美育,有的是与世界一样的。中国书法别的国家是没有的，日本、韩国都是中国传过去的。中国文字在“五四”时代的改革，最先是鲁迅，他主张的不是文字改革，而是语言改革，改革语言。胡适也是这个观点。他们认为中国语言落后。在当时有点矫枉过正，也是可以理解的。日本的文字改革当然是与明治维新有关系。建国以后我就参加了文字改革委员会，现在叫语言文字工作委员会。从1954年成立就参加。1954年日内瓦会议周恩来总理参加了。这可能是建国后参加的最大的一次国际会议。周总理在日内瓦就很感慨。有什么感慨呢？大会发言用拉丁文字和其它字母的国家，第二天可以见报，就这么快。而中国呢，先把外文翻成汉文，再把汉文翻成字母，再用拉丁数字来代替，打回国内，在国内再根据拉丁数字翻成汉文。汉字影响通迅，罪莫大焉。当然，实际上不是这样。电脑发明了，要输入电脑，字母输入得快，当然也有争议。到现在我不知做到了没有，又说是方块字更快。

王岳川：20世纪上半叶不少学者思想激进，宣传汉字拉丁化，这无疑是相当危险的。因为汉字作为“东方魔块”，具有文化稳定的功能。可以设想一下，如果30年代全部拼音化、拉丁化了的话，中国所有的古籍将在30年内不再会有人懂，只有像您这样研究语言和文献的专家能读懂。所以汗牛充栋的经史子集，只需一代两代人就会失传，这种文化毁损非常可怕。我们读《左传》《论语》或读经史子集哪一卷，你读出原文来当代人会听不懂。如《老子》：“我有三宝，持而保之：一曰慈，二曰俭，三曰不敢为天下先。慈故能勇，俭故能广，不敢为天下先，故能成器长。”这样的话，如果用拼音可能没有人能听懂。很多古籍，像《易经》《诗经》更是这样。这不是一个小小拼音文字取代方块汉字的决议问题，而是紧密联系着中国文化的寿命问题。中国这么多民族，这么多方言，举个例子：四川人说的“哎呀，我的鞋子（读成haizi）丢了。”北方人听了就非常吃惊，觉得孩子丢了，赶快找呀。四川人从地上把鞋子拿起来时,北方人会说这简直是开玩笑,这是“鞋子”不是“孩子”。声音(能指)不一样,所造成的意义(所指)就不一样。一个民族的凝聚力、向心力和文化的传承力,不是一个小事情。书法将汉字美化、雅化,使得汉字从那种简单传达意思记载语言的工具变成一门玄妙的艺术。我认为这是东方艺术中的一个奇观。先生在这方面有很多想法,您自己就是一位学者书法家。

季羡林:我小的时候写过仿。

王岳川:写欧、写柳还是写颜?

季羡林:最初是柳体,然后是颜体。

王岳川:您现在的字,您觉得是像柳颜还是像欧?

季羡林:像柳,当时在济南,比较规规矩矩。后来就不管了。

王岳川:颜筋柳骨。柳字比较挺拔。

季羡林:后来到国外很多年,没有毛笔,墨也没有,就没有用毛笔写过字。近些年写字是赶着鸭子上架。现在汉字没人再讲废除了,过了几关。汉字改革委员会,里边总觉着有两派。每一派都是从消灭不消灭汉字而来。要消灭汉字的,是激进派。侯宝林、罗章培、王力、叶绍钧(圣陶)等是保守派。使繁用简,是袁晓园的口号,这个口号没错。繁体字要使,不使怎么行呢?这个也受到“左”派的攻击。从艺术来讲,现在并不限制你写繁体字。启功先生是主攻书法的,第五批简化字的“家”下面不是猪(豕),而是“人”。家下面这个“豕”好写,宝盖下边一个“人”就不那么好写了。家里面怎么能有猪,而应有人,这也是左派的观点。

王岳川:先生,您认为当代有些人写书法不写汉字,那还是书法吗?

季羡林:画画与书法不同。有人把画和书法合在一起,字写出来像画一样,这又何必呢?书法是书法,画是画就完了。我最喜欢王羲之字的美,我形容不出来，就是感觉着好。

王岳川：我对王羲之书法非常喜爱，长年临习。在感受二王书风范的同时，日益明晰地意识到：注重传统的传承和升华出新的中国文化精神，是当代学者艺术家不可忘怀的内涵。在书法方面当代中国有一种过分现代的情结，事实上，任何过分都会受到历史文化精神脉络的修正。二王传统对中国书法而言是很重要的。一方面说，从事中国古代思想的人，对经典要保持一种传承之后的创新思想；另一方面说，帖学与碑学不可偏废。当代人从粗犷的民间书法吸收一些营养，从大气的碑学里学到一些豪放之气，从雄强的摩崖石刻中学到一种气脉——真正的大气，我觉得很重要。但是，中国传统文化中、精粹典雅的东西也应进一步推陈出新，继续创造。季先生看到《文史知识》，说是集王羲之的字，并眼睛为之一亮。其实是中国文化中长期积累下的，是对华夏审美趣味的共鸣。这种趣味，有可能经过了历史的演变。王羲之的字本来在隋代以前，差不多二百年间不受重视。当时受重视的是王献之，但是到了唐代王献之的字就不是那么一回事了。从唐代到现在经历一千三百多年，王羲之的字占有很高的地位。我认为近十几年的书法试验和先锋书法，可能是对二王传统的过分忽略。在这里我想到一个问题，文学界在讨论“文学性”的问题，戏剧要有“戏剧性”，戏剧性就要突出人格、命运、悲剧情景，戏剧才所以叫戏剧。文学没有文学性，那么同新闻报纸，一些流行的故事，一般传说和街头巷尾的闲谈就没有什么根本区别。那么，书法是否有一个“书法性”的问题？书法性是什么？现在有一种说法，现代书法是反书法，反书法性，这种说法很值得分析，也很值得思考。我倒觉得如果电影没有了电影性，文学没有了文学性，音乐没有了音乐性，就会成为另类东西。书法没了书法性，当然也就不再是书法了。所以书法的书法性并不是僵化的东西，它是在二王书法传统中整合了民间书法、碑刻书法等形成的一种新的传统、新的整合。可以说,我们书法本身审美的东西不能丢掉,不能抹杀,要开创出新,要坚持书法的书法性,书法构成线条的美、结构的美和它那种长期的人文的、艺术的文化美。

季羡林:少数民族中的东巴文,前几天有人送给我一副对联。西夏文,可以会写了。别的少数民族文字,我就不敢说了。

王岳川:东巴文是纳西族的文字,还是不错的。我最近正好到云南丽江去作了一次考察,感受到东巴文字的朴素,但是其书写是否可以称为书法还可以讨论。

季羡林:他们送的那副东巴文对联,从美学的观点看,不美。

王岳川:主要是文字结构行气比较散。季先生,当代书法您认为在21世纪怎么发展,应该是写怪怪的字、写丑丑的字呢,还是写清丽文雅、生动神俊的字呢?您喜欢什么样的?

季羡林:我的欣赏能力是保守的,还是喜欢王羲之书法美的传统。看着字的结构,我也说不出什么和别人不一样的。我喜欢王羲之的《兰亭序》,颜真卿的《争座位表》,怀素,宋朝我最喜欢黄山谷。

王岳川:我也很喜欢二王和颜真卿,还有王铎、孙过庭的书法。

季羡林:弘扬中国文化,其中最重要的一部分,就是弘扬我们书法文化。全世界文字可以成为审美的艺术——书法艺术,只有中国,别的国家没有专门的书法艺术,欧美的拼音文字一般不能成为专门的书法艺术,穆斯林国家的文字有画画的意味但是仍然不能成为书法。在中国的优秀传统文化中,书法实在是占有很重要的地位。学者书法有自己的历史,起码清华过去有梁启超,北大过去有沈尹默等。学者书法不仅讲求书法的典雅清正,而且要求书法具有深厚的文化意味,学者书法不仅是艺术,而且是文化,同时也是学者对汉文字的美化和文化化。从学者书法作品中可以看到学者的文化修养和宽宏眼界。书法需要严谨的基本功训练,正如画画必须素描,不素描不行。学写字必须从楷书入手,横平竖直,有法度规则。现代有的书法家包括不少日本书法家不重视楷书,也不重视行书、草书的规则,这样写出来的字不注意的话就是“鬼画符”,很不美。看不美的所谓的书法作品,感到心里难受。好的书法给人精神和身体受到带来双重好处,使学者身心健康。看怀素狂草,使人心花怒放;看邓石如书法,惊心动魄;看吴昌硕墨荷的笔墨,精神和身体双重振动!学者书法有文化建设意义,不仅老年学者可以多练,中青年学者都应该好好练习书法。在书法艺术中,不仅需要天赋,更需要勤奋。今天的学者书法展有中年学者参加,表明学者书法后继有人。

王岳川:对书法文化这个学统,今天有不少书法家已经数典忘祖。我目前一直关注中国当代书法诸多问题,如中国书法中民间书法问题、反精英主义问题、背对传统的“丑怪”书法问题、书法中的后现代“矮化”(比矮)问题、日本少字数书法横向挪用问题、历史虚无(经济全球化使然)问题、消除历史维度的书法空间张力问题,以及书法艺术边缘化问题等方面,做些学术史和思想史的研究。在反书法性的“书法潮”中,我更加感到“学者书法”在当代中国的重要性。书法一般而言在今天有三个类型:一是“书法家书法”,二是“名人书法”,主要是指政府官员、名流等的题词,三是不太为人注意但是极为重要的“学者书法”。这些学者也可能是名人,也可能是他们去世若干年后发现的新名人。很多学者在世时,可能是默默无闻,包括曹雪芹在世的时候,穷得举家食粥,但如今“红学”却十分兴旺。很多学者在生前并没有求发达之思,但是他们的书却藏之名山,传之后世,泽被后代。后人日益感到他们学问和境界的高远。现在活着的学者,尤其是高龄学者几乎几十年、半个世纪以上的时间花在了著书立说上,他们是中国20世纪思想史的见证和缩影,他们的思想浓缩在了他们等身的著作中。而他们的书法,他们对书法的倾心爱好，其实是他们的一种生命情怀。从这种意义上说，当前书法试验的东西太多了，尤其是现代和后现代书法试验多了些，而像心迹心电图那样反映学者人格和心境的书法可能是少了些。我认为技巧实验和心灵体验二者不可偏废。学者的书法也可能是“法”，世纪风云浓缩在他的字当中，因而他们的字往往写得比较温润含蓄，在温润和含蓄中呈现出学者的文化积淀。因此，如果书法家的书法更多走向了市场，名人书法更多走向万人追逐的传媒，那么学者书法也应该走向民间，走向大众，走向社会，走进千家万户。除了他们的学术思想广为人知外，他们的书法艺术作品也应该成为当代中国书法中的珍宝。文化的个性，当经济逐渐发展起来以后，经过“拿来主义”之后整合的中国新文化，就将逐渐实现自己的文化“输出主义”！

季羡林：北大应坚持“文化书法”方向。北京大学有悠久的人文传统和丰富的文化资源，如今在书法艺术审美教育方面又推进了一步，无疑将使北大的文、理、艺术学科得到全面地整合，从而促使北大早日成为世界一流大学。北大书法研究生班作品在国内外展出，将使北大人文精神在更广泛的社会层面上弘扬光大。今后这类书法展持续举办下去，无疑将使北大在科学民主精神之中增添新的精神魅力和人文活力。书法有实用和艺术功能，但更重要的是其还有文化传承和生命陶冶功能。这是中华文化的独特之处。在我看来，大学书法尤其是研究生书法，应该在真正继承传统书法文化的基础上，走一条合乎人性的清新优美的艺术道路。中国汉字的线条和结构，使得书法创作必须尊重艺术文化规律，凡是违背这些规律走入旁门左道的所谓追新，即是与大学书法旨趣相悖的。大学书法不仅讲求书法的典雅清正，而且要求书法具有深厚的文化意味。在我看来，以王羲之为代表的书风表达了中国书法精神中极为精致的文化品位，是形式和内容的协调完美，应该成为大学书法的主流，在此基础上，兼容并包而推陈出新。可以说，大学书法不仅是艺术更是文化,也是学者们对汉文字的美化和文化化。我注意到一个现象,艺术界名人很多,但是一些人为什么后来的艺术就走下坡路了呢?就是因为文化底蕴欠火候。

王岳川:是的,当代中国书法和绘画如果丧失了文化,丧失了金字塔的底座(文化)而只要那个尖(技法)的话,这是非常危险的事情。

五、人间情怀与和谐生命观

王岳川:先生的寿眉已经很长了,看着越发睿智慈祥。

季羡林:哈哈,该长毛的头顶不长了,不该长得眉毛反而老长。

王岳川:您在医院里还每天写两千多字,真让年轻一代学者汗颜。

季羡林:活到老,写到老。在人生百年中,十年是一个不短的期间。时移世异,人事沧桑,今天的我已经非复当年之我了。我有一个“三不主义”的保健方法,就是不锻炼、不挑食、不嘀咕。心里没有负担,胃口自然就好,吃进去的东西都能很好地消化。再辅之以腿勤、手勤、脑勤,自然百病不生了。我们这一代知识分子很不容易,甚至对自己“太残酷”。已经到了九十多岁,仍然是不明即起,亮起了朗润园里的第一盏灯,伏案读写,孜孜不倦。我只能说,这样做能使自己心理平静。如果有一天我没能读写文章,清夜自思,便感内疚,认为是白白浪费一天。习惯成自然,工作对我来说已经成了痼疾,想要改正,只有等待来生了。

王岳川:是啊,这种熬夜写作,其内在的情怀仍然是知识分子的人间情怀。人文知识分子代表了社会的良心,人文知识分子的人间情怀体现在童心、慧眼、侠骨、柔肠这八个字上面,学者人间情怀和思维超越性是必要的。光是有慧眼和侠骨,这是好论战、好斗。今天我们的世界,活得有欲望和功

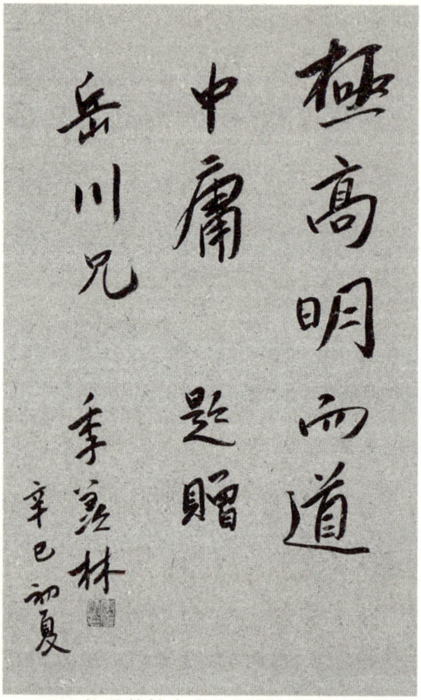

>>2001年季羡林先生为王岳川题词:极高明而道中庸

利心的人很多,但具有赤子童心的人很少,王国维张扬的那种赤子之心很难看到,大抵只剩下消费、娱乐、沉重的肉身和放纵的欲望,没有释放自己大快乐那种童心。那种节日般的大快乐和只是满足自己生理欲望的那种快乐,完全不能同日而语。还有柔肠,柔肠不是仅仅指爱情恋情,它是对世界的、对宇宙的、对生命的,包括亲情、友情的爱,这在世俗化的时代人们对真情已经很淡然了。知识分子这个词,从古希腊对“哲学王”的吁求开始就一直有神圣的意味,今天这种神圣性意味被解构了。人文知识分子的地位一落千丈,于是许多学者耐不住寂寞,开始眺望和羡慕“有机知识分子”的世俗化生活。但我以为,知识分子的根本恰恰在于对那些仿佛虚无缥缈的问题的思考,人文学术问题注定与实用价值无缘,一个学术问题的理清未必为社会带来多少财富,但是世界上总有些精神性的、超越性的东西是爱智者必须去思考的,也总有些美好的东西是需要美善者去守候的。为什么我们强调知识分子的立场和价值?因为对于一个社会而言,知识分子就是人类精神的最后守夜人。知识分子就是置身于光明与黑暗之间的历史中间物,从黑暗的世界中走出来,展示给他人未来的世界,而当光明到来时正是自己飘逝时。这种命运很有悲剧的味道,但却道出了一种现实——唯有飘逝的,才是永恒的。

季羡林：我喜欢的知识分子是：质朴，淳厚，诚恳，平易；骨头硬，心肠软；怀真情，讲真话；不阿谀奉承，不背后议论；不人前一面，人后一面；无哗众取宠之意，有实事求是之心；不是丝毫不考虑个人利益，而是多为别人考虑；关键是一个"真"字，是性情中人；最高水平当然是孟子说的"富贵不能淫，贫贱不能移，威武不能屈"。

王岳川：其实这正是您的夫子自道。知识分子应该保持一介寒儒的书生本色，不应该过多地考虑经济问题，而应有超乎事务、萧然物外的大气象。我始终认为，孔子、老子、苏格拉底、柏拉图、尼采……这些东西方大哲和我是同一代人，我们面对同一个问题就是怎样生，怎样死。与他们对话，就是在思考我们个体的生命。您还记得吗？多年前，我去请您给我写一幅书法，您问想写什么内容？我说我的座右铭是："极高明而道中庸"，您哈哈大笑，说您的座右铭正好同我的座右铭完全一样。人生在世转眼不过百年，要拼尽自己所有的能量，不管做什么，都要达到极其高明之境，但做事要"道中庸"，不偏不倚，而且持之以恒。

季羡林：我已年届耄耋，我对生命和名利的态度完全是道家的、超脱的。我很欣赏陶渊明的四句诗："纵浪大化中，不喜亦不惧。应尽便顺尽，无复独多虑。"这是我的座右铭啊！

季羡林先生年谱简编

1911 年 8 月 6 日（出生）

生于山东省清平县（今并入临清市）官庄一个农民家庭。

1917 年（6 岁）

离家去济南投奔叔父。进私塾读书，读过《百家姓》《千字文》《四书》等。

1918 年（7 岁）

进济南山东省立第一师范附设小学。

1920 年（9 岁）

进济南新育小学读高小三年，课余开始学习英语。

1923 年（12 岁）

考取正谊中学。参加古文学习班，读《左传》《战国策》《史记》等，晚上在尚实英文学社继续学习英文。

1926 年（15 岁）

在正谊中学读过半年高中后，转入新成立的山东大学附设高中，开始学习德语。

1928 年（17 岁）

日本侵华，辍学一年。创作《文明人的公理》《医学士》《观剧》等短篇小说在天津《益世报》上发表。

1929年(18岁)

转入新成立的山东省立济南高中。

1930年(19岁)

翻译屠格涅夫《老妇》《世界的末日》《老人》《玫瑰是多么美丽,多么新鲜啊!》等,在山东《国民新闻》趵突周刊和天津《益世报》上发表;高中毕业考取清华大学入西洋文学系,专修方向德文。

1934年(23岁)

清华大学西洋文学系毕业。应母校山东省立济南高中校长宋还吾先生的邀请,回母校任国文教员。

1935年(24岁)

清华大学与德国签订交换研究生协定,被录取。同年9月赴德国入哥廷根大学,主修印度学。学习梵文、巴利文、吐火罗文,及俄文、南斯拉夫文、阿拉伯文等。

1937年(26岁)

兼任哥廷根大学汉学系讲师。

1941年(30岁)

哥廷根大学毕业,获哲学博士学位。

1946年(35岁)

回国后受聘为北京大学教授兼东方语言文学系主任。

1951年(40岁)

参加中国文化代表团出访印度、缅甸。译自德文的卡尔·马克思著《论印度》出版。

1953年(42岁)

当选为北京市第一届人民代表大会代表。

1954 年(43 岁)

当选为中国人民政治协商会议第二届全国委员会委员。

1955 年(44 岁)

前往印度新德里,参加“亚洲国家会议”;赴德意志民主共和国,参加“国际东亚学术讨论会”。译自德文的德国《安娜 · 西格斯(Anna Seghers)短篇小说集》出版。

1956 年(45 岁)

当选为“中国亚洲团结委员会”委员;任中国科学院哲学社会科学学部委员。译自梵文的印度迦梨陀娑(Kalidasa)的著名剧本《沙恭达罗》(*Abhijnansakuntala*)中译本出版。

1957 年(46 岁)

《中印文化关系史论集》《印度简史》出版。

1958 年(47 岁)

《1857—59 年印度民族起义》出版,作为中国作家代表团成员,参加在苏联塔什干举行的“亚非作家会议”。

1959 年(48 岁)

当选为第三届全国政协委员;应邀参加“缅甸研究会五十周年纪念大会”;译自梵文的印度古代寓言故事集《五卷书》(*Pancatantra*)中译本出版。

1960 年(49 岁)

为北京大学东语系第一批梵文巴利文专业学生授课。

1962 年(51 岁)

应邀前往伊拉克参加“巴格达建城 1800 周年纪念大会”;当选为中国亚非学会理事兼副秘书长。译自梵文的印度迦梨陀婆的剧本《优哩婆湿》(*Vikramorvasiya*)中译本出版。

1964 年(53 岁)

当选为第四届全国政协委员;参加中国教育代表团,前往埃及、阿尔及利亚、马里、几内亚等国参观访问。

1965 年(54 岁)

当选为第四届全国政协委员。

1966 年—1976 年(55 岁—65 岁)

在"文化大革命"中受冲击。自 1973 年起,着手翻译印度古代两大史诗之一的《罗摩衍那》(*Ramayana*),至 1977 年,终将这部 18755 颂的印度史诗译完。

1978 年(67 岁)

当选为第五届全国政协委员;原担任的东语系系主任同时恢复;前往印度访问;担任北京大学副校长和北京大学与中国社会科学院合办的南亚研究所所长。12 月中国外国文学会成立,当选为副会长。

1979 年(68 岁)

受聘为《中国大百科全书 · 外国文学卷》编委会副主任兼任南亚编写组主编;中国南亚学会成立,当选为会长;专著《罗摩衍那初探》出版。

1980 年(69 岁)

散文集《天生心影》出版;散文集《季羡林选集》由香港文学研究社出版。被推选为中国民族古文字学会名誉会长;中国语言学会成立,当选为副会长;率领中国社会科学代表团赴联邦德国参观访问;12 月被任命为国务院学位委员会委员。

1981 年(70 岁)

散文集《朗润集》和译著《罗摩衍那》(二)出版。中国外语教学研究会成立,当选为会长。

1982 年(71 岁)

《印度古代语言论集》《中印文化关系史论文集》《罗摩衍那》(三)(四)分别出版。

1983 年(72 岁)

获北京市教育系统先进工作者称号;当选为第六届全国人民代表大会代表,同年被选为第六届人大常委;在中国语言学会第二届年会上当选为会长;中国敦煌吐鲁番学会成立,当选为会长;《罗摩衍那》(五)出版。

1984 年(73 岁)

任北京大学校务委员会副主任;受聘为《中国大百科全书》总编辑委员会主任、委员;当选为中国史学会常务理事;中国教育国际交流学会成立,当选为会长;中国高等教育学会成立,当选为副会长;《罗摩衍那》(六)(七)出版。

1985 年(74 岁)

主持的《大唐西域记校注》出版;参加在印度新德里举行的"印度与世界文学国际讨论会";组织翻译并亲自校译的《〈大唐西域记〉今译》出版。赴德意志联邦共和国斯图加特参加"第十六届世界史学家大会";译自英文的印度作家梅特丽耶·黛维(Maitraye Devi)的《家庭中的泰戈尔》(*Tagore by firside*)中译本出版。

1986 年(75 岁)

当选中国亚非学会副会长;应聘为中国书院导师;北京大学东语系举行"季羡林教授执教四十周年"庆祝活动;《印度古代语言论集》和论文《新博本吐火罗语 A(焉耆语)〈弥勒会见记剧本〉》获 1986 年度北京大学首届科学研究成果奖;率领中国教育国际交流协会访日赠书代表团回访日本。

1987 年(76 岁)

应邀参加在香港中文大学举行的"国际敦煌吐鲁番学术讨论会";主编

的《东方文学作品选》(上、下)获1986年中国图书奖:《大唐西域记校注》及《〈大唐西域记〉今译》获陆文星—韩素音中印友谊奖;《原始佛教的语言问题》获北京市哲学社会科学和政策研究优秀成果奖。

1988年(77岁)

论文《佛教开创时期一场被歪曲被遗忘了的“路线斗争”——提婆达多问题》,获北京大学科学研究成果奖;任中国文化书院院务委员会主席;受聘为中华人民共和国文化部“中国文学翻译奖”评委会委员;受聘为江西人民出版社《东方文化》丛书主编。应邀赴香港中文大学讲学。

1989年(78岁)

获中国民间文艺家协会“从事民间文艺工作三十年”荣誉证书;国家语言工作委员会授予“从事语言文字工作三十年”荣誉证书。

1990年(79岁)

任北京大学校务委员会名誉副主任;论文集《佛教与中印文化交流》出版;《中印文化关系史论文集》获“著作荣誉奖”。受聘为《神州文化集成》丛书主编;当选为中国亚非学会第三届会长;受聘为香港佛教法住学会《法言》双月刊编辑顾问。

1991年(80岁)

受聘为北京大学校务委员会名誉副主任。

1992年(81岁)

被印度瓦拉纳西梵文大学授予最高荣誉奖“褒扬状”。

1993年(82岁)

在中国民主同盟中央常委第二次会议上,被选为民盟中央文化委员会副主任;获北京大学505“中国文化奖”;受聘为泰国东方文化书院国际学者顾问。

1994 年(83 岁)

主持校注的《大唐西域记校注》和译作《罗摩衍那》获中国第一届国家图书奖;获中国作家协会中外文学交流委员会颁发的"彩虹翻译奖";任《四库全书存目丛书》主编纂。先后担任《传世藏书》《百卷本中国历史》等书主编。

1995 年(84 岁)

《简明东方文学史》获全国高校外国文学教学研究会首届优秀著作奖。

1996 年(85 岁)

《人生絮语》《怀旧集》《季羡林自传》《人格的魅力》《我的心是一面镜子》《季羡林学术文化随笔》分别出版。

1997 年(86 岁)

《文化交流的轨迹——中华蔗糖史》(上)《朗润琐话》《精品文库·季羡林卷》《中国二十世纪散文精品·季羡林卷》《东方赤子》分别出版;主编的《东方文学史》获第三届国家图书奖;《赋得永久的悔》获鲁迅文学奖。至1997 年底《季羡林文集》总 32 册已出版 16 册。

1998 年(87 岁)

伊朗驻华大使代表德黑兰大学授予季羡林荣誉博士学位;《牛棚杂忆》出版。

1999 年(88 岁)

访问台湾并拜谒胡适墓;出席纪念五四运动 80 周年国际学术讨论会。

2000 年(89 岁)

会见台湾学者马树理先生。

2001 年(90 岁)

向山东大学赠送《传世藏书》;向北京大学捐赠图书、字画、手稿等;出席历史学国际学术会议;出席北京大学举行的庆祝他 90 华诞暨从事东方学研究 66 周年的会议。

2002年(91岁)

就编辑《儒藏》一书写信阐明编这部著作的重要性。

2003年(92岁)

向清华大学捐赠15万美元建立“季羡林文化促进基金”;9月9日,中共中央政治局常委、国务院总理温家宝看望季羡林。

2004年(93岁)

季羡林的散文集《清塘荷韵》出版;这一年,季羡林当选为中国译协名誉会长。

2005年(94岁)

由中国孔子基金会发起成立的季羡林研究所在北京正式揭牌;8月15日,中共中央政治局常委、国务院总理温家宝到301医院看望季羡林。

2006年(95岁)

《季羡林学术精粹》(1—4卷)《学问人生》出版;8月6日,中共中央政治局常委、国务院总理温家宝到301医院看望季羡林,对他95岁生日表示祝贺。

2007年(96岁)

8月3日,中共中央政治局常委、国务院总理温家宝到301医院看望季羡林;香港知名人士林青霞到301医院看望季羡林。

2008年(97岁)

8月2日,中共中央政治局常委、国务院总理温家宝到301医院看望季羡林。

2009年(98岁)

7月11日8时50分,季羡林在301医院病逝,享年98岁。

(说明:本年谱简编参考了李铮等编《季羡林年谱》,在此鸣谢)

参考文献

[印]迦梨陀娑著,季羡林译:《沙恭达罗》,人民文学出版社 1956 年版。

季羡林著:《中印文化关系史论丛》,人民出版社 1957 年版。季羡林译:《五卷书》,人民文学出版社 1959 年版。

[印]迦梨陀娑著,季羡林译:《优哩婆湿》,人民文学出版社 1962 年版。

季羡林著:《罗摩衍那初探》,外国文学出版社 1979 年版。

[印]蚁垤著,季羡林译:《罗摩衍那》(全七卷),人民文学出版社 1980—1984 年版。

季羡林著:《天竺心影》,百花文艺出版社 1980 年版。

季羡林著:《朗润集》,上海文艺出版社 1981 年版。

季羡林著:《中印文化关系论文集》,三联书店 1982 年版。

季羡林主编:《印度民间故事集》(第一辑),中国民间文艺出版社 1984 年版。季羡林著:《原始佛教的语言问题》,中国社会科学出版社 1985 年版。

[印]黛维著,季羡林译:《家庭中的泰戈尔》,漓江出版社 1985 年版。

玄奘、辩机著,季羡林校注:《大唐西域记校注》,中华书局 1985 年出版。

季羡林、张广达、李铮译:《大唐西域记今译》,陕西人民出版社 1985 年版。季羡林著:《季羡林散文集》,北京大学出版社 1986 年版。

季羡林主编:《东方文学作品选》,湖南人民出版社 1986 年版。

季羡林主编:《中外文学书目答问》,中国青年出版社 1986 年版。

季羡林主编:《简明东方文学史》,北京大学出版社 1987 年版。

季羡林主编:《东方文化史话》,黄山书社 1987 年版。

季羡林、刘安武选编:《印度古代诗选》,漓江出版社 1987 年版。

季羡林、刘安武编选:《东方短篇小说选》,中国青年出版社 1988 年版。

季羡林、刘安武编:《东方文学名著题解》,中国青年出版社 1989 年版。

季羡林主编:《南亚东南亚论丛》,中国社会科学出版社 1989 年版。

季羡林著:《佛教与中印文化交流》,江西人民出版社 1990 年版。

季羡林著:《比较文学与民间文学》,北京大学出版社 1991 年版。

季羡林著:《中印文化交流史》,新华出版社 1991 年版。

季羡林著:《季羡林学术论著自选集》,北京师范学院出版社 1991 年版。

季羡林主编:《印度古代文学史》,北京大学出版社 1991 年版。

季羡林主编:《东方文学辞典》,吉林教育出版社 1992 年版。

季羡林著:《敦煌吐鲁番吐火罗语研究导论》,台湾新文丰出版社 1993 年版。

季羡林著:《季羡林留德回忆录》,中华书局(香港)有限公司 1993 年版。

季羡林主编:《我与中国 20 世纪》,河南人民出版社 1994 年版。

季羡林著:《东方文化研究》,北京大学出版社 1994 年版。

季羡林著:《季羡林论印度文化》,中国华侨出版社 1994 年版。

季羡林著:《季羡林佛教学术论文集》,台湾东初出版社 1995 年版。

[印]黛维著,季羡林译:《炉火情:泰戈尔谈话录》,漓江出版社 1995 年版。

季羡林主编:《东方文学史》,吉林教育出版社 1995 年版。

季羡林主编:《传世藏书 · 史库 · 地理》,海南国际新闻出版中心 1995 年版。

季羡林著:《季羡林自传》,江苏文艺出版社 1996 年版。

季羡林著:《赋得永久的悔》,人民日报出版社 1996 年版。

季羡林著:《怀旧集》,北京大学出版社 1996 年版。

季羡林著:《我的心是一面镜子》,延边大学出版社 1996 年版。

季羡林著:《季羡林文集》(24 卷),江西教育出版社 1996 年版。

季羡林著:《禅与东方文化》,商务印书馆 1996 年版。

季羡林主编:《世界文化史知识(插图本)》(1—10 卷),辽宁大学出版社 1996 年版。

季羡林等主编:《泰戈尔名作欣赏》,中国和平出版社 1996 年版。

季羡林著:《东西文化议论集》,经济日报出版社 1997 年版。

季羡林著:《文化交流的轨迹:中华蔗糖史》,经济日报出版社 1997 年版。

季羡林著:《朗润琐言》,上海文艺出版社 1997 年版。

季羡林著:《牛棚杂忆》,中央党校出版社 1998 年版。

季羡林著:《书山屐痕:季羡林自选集》,山东教育出版社 1998 年版。

季羡林主编:《敦煌学大辞典》,上海辞书出版社 1998 年版。

季羡林著:《季羡林散文全编》(前四卷),邓九平编,中国广播电视出版社 1999 年版。

季羡林著:《学海泛槎:季羡林自述》,山西人民出版社 2000 年版。

季羡林著:《缀玉集》,中国工人出版社 2000 年版。

季羡林著:《季羡林人生漫笔》,同心出版社 2000 年版。

季羡林著:《旅德追忆:二十世纪几代中国留德学者回忆录》,商务印书馆 2000 年版。

季羡林著:《朗润园随笔》,上海人民出版社 2000 年版。

季羡林著:《我的求学之路》,百花文艺出版社 2002 年版。

季羡林著:《学问之道》,沈阳出版社 2002 年版。

季羡林著:《感悟人生》,沈阳出版社 2002 年版。

季羡林著:《耄耋新作》,沈阳出版社 2002 年版。

季羡林著:《清华园日记》,辽宁美术出版社 2002 年版。

王岳川著:《发现东方》,北京图书馆出版社 2003 年版。

季羡林等著:《畅谈东方智慧:季羡林、蒋忠新与池田大作鼎谈集》,商务印书馆 2004 年。季羡林著:《留德十年》,中国人民大学出版社 2004 年版。

王岳川编:《季羡林学术精粹》(4 卷),山东友谊出版社 2006 年版。

王岳川编:《学问人生——季羡林自述》,山东友谊出版社 2006 年版。

季羡林著:《季羡林谈师友》,当代中国出版社 2006 年版。

季羡林著:《佛教十五题》,中华书局 2007 年版。

季羡林著:《病榻杂记》,新世纪出版社 2007 年版。

季羡林著:《季羡林说国学》,京华出版社 2007 年版。王岳川主编:《后东方主义与中国文化复兴》,黑龙江人民出版 2007 年版。季羡林著:《我这一生:季羡林自述》,中国青年出版社 2008 年版。

王岳川著:《文化输出》,北京大学出版社 2008 年版。

王学珍等主编:《北京大学纪事》,北京大学出版社 2008 年版。

王岳川等著:《文化战略》,复旦大学出版社 2010 年版。

后 记

飘逝的是永恒的。

当今文化领域自命为大师者颇为不少，而贬低大师的人也往往不在少数。这大抵是一个令人焦灼的时代——大师在不断地升值，也在不断地贬值，不断地浮出水面，又不断地掉入污水。在一个自命大师的时代，无疑把大师当作廉价广告而消解之。故而，季羡林先生率先表示辞谢“大师”、辞谢“泰斗”、辞谢“国宝”。他在强调“大”文化视野的同时，用自己的笔拓展了自我学术人生的大境界。

今天，一些学者忙于写晚明史，书画家忙于走晚清路。在大国崛起的时候，文化却在无力地呻吟。我们知道，晚明和晚清是中华民族惨痛的一环，有些人却在津津乐道晚明那点事，拍卖市场把晚清作品拍成天价，那些晚清和民国的东西实在是大国衰败的纪实。今日中国作为大国必须和他的文学品格、美学品格相配合，这就是“正大气象”的审美风范。

在我看来，季羡林提出“三十年河西，三十年河东”理论，坚持 21 世纪“是中国的世纪”，强调“西化”必将让位于“东化”的看法，具有相当的前瞻性和战略眼光。我认为，东方和谐文化精神可以遏制西方丛林法则的战争精神，用和谐文化减弱冲突文化的危害。在战争频仍而恐怖主义遍布世界的今天，在人类文化在西化主义中面临“单边主义”“霸权主义”的情态下，在人类精神生态出现价值空洞和生存意义丧失的危机中，在全球遭遇地缘战争威胁和核战爆发危机时，我们必得思考人类未来究竟应何去何从?！作为东方大国应该深思，中国文化应该怎样创新并持之以恒地输出！中国应该站在人类思想的制高点上来思考人类未来走向，文化创新和超越应该成为新世纪的人类文化精神坐标！东方文化守正创新必然使西方文化单边主义和军事霸权主义遭到质疑并走向终结！中国崛起将不是中国越来越像西方，而可能是西方世界开始吸收中国经验智慧。一个明智的领导集团在中国威胁论、中国崩溃论的噪音中，应该有魄力和眼光来参与调整世界文明进程。

在对季老的思想进行梳理的过程中，我看到他的人格魅力和精神高度。半个多世纪凌晨即起的生命写作对季老的意义是沉重的，这是中国历代“立言不朽”的铭刻性和战胜速朽生命的感悟性使然。通过语言铭刻的方式进入历史和未来，或许是季羡林写作中的本真性所在。不难看到，季羡林已经醒悟到世俗生活的易朽性，那些世俗生活方式以及码字经验已经对他失效了。因为他的写作已然成为生命中不得不写作的必然宿命！

季羡林先生通过自己的笔，表明在中国文化复兴问题上必须具有正大气象和守正创新。“守正”是需要勇气的。“正”就是“正宗，正脉，正路”。“正”就是中流砥柱，就是树立一种遗世独立的尺度。天下有很多路，今人选择走捷径，但捷径往往是死路、断路和无路，只有一条路，那就是正路。正路最难走，但是是唯一能走通的道！季先生是孤独的，因为在这个反文化、反文学的后现代时代坚持“正”是艰难的。但是我从他的笔下感受到了先秦史官的中正之气——齐国大臣崔杼杀了庄公姜光，齐国太史记录:“崔杼弑其君。”崔杼怒杀太史，太史的弟弟接着写，崔杼又杀。太史的二弟接着写，崔杼见状，不敢再杀。因为历史将这样记录并铭刻下去，杀史官者将遗臭万年。我们不相信地球上会满地都是圣人，我们也不期待中华大地满地都是哲学家。中国有季先生这样一群知识分子足矣。他们可以用笔批评时代的弊端,呼唤时代的正气,并凛然无畏地表达出来。我认为,守正前提下"创新"的关键在于塑造中华群体文化雕像。

季先生要画出中华民族的文化雕塑群像,要用学术之笔写出一部中国思想史长城,从中能感到一种真正的人的尊严和"大"境界。强调境界大、视野大、眼光大、气魄大。季先生在某种意义上横跨经、史、子、集。他通过他的笔,他的学养,他的眼光做到大手笔书写,规避了小趣味、小卖弄。"气"是浩然之气,孔颜气象之气。大气盘旋之"气"充沛于天地。而我们很多人都在憋气、怄气、生气,天下只恨财聚无多,恨房子太窄,恨金钱太少,恨官帽太小。季先生却一身清气,遗世独立,有浩然之气。一个有浩然之气的人可以做到"粪土当年万户侯"。"象"是孔颜气象之"忧道不忧贫",是汉唐气象的辉煌大气。当下中国文化应该从晚明、晚清至民国的败国之象中走出来,从一地鸡毛的文学自恋中走出来,而重新呼唤正大气象!

文化硬实力不行,一打就败,文化软实力不行,不打自败。季羡林先生对中国文化未来蓝图的设定,需要千百万知识分子努力践行,从而完成这一蓝图。我不赞成五四时期一些学者"打倒孔家店"的呓语,"全盘西化"地置换民族DNA,"废除汉字"的殖民主义倾向。那种一味地对中国传统加以质疑并虚无化的做派,只是在后人懦弱得断了脊梁而仰仗西方发出的卑微的哀叹。我们应当自我反省而不应自嘲自虐,应该从"审父"走向"审己",减少文化误读,纠正国人在西方视野中被妖魔化的形象。我认为当务之急是"发现东方"和"文化输出",这意味着不是高势位地征服别人,而是对等交流的彼此的文化和精神。

面对"河东河西论",我们必得注意国家形象在国际化语境上的"水桶定律"——一只水桶能装多少水取决于它最短的那块木板。引申开来,任何一个国家文化的对外形象面临的共同问题,即构成国家形象大国形象的各个部分往往优劣不齐,而劣势部分往往决定整个国家的国际形象水平。可以说，大幅提升中国文化软实力，建立中国文化战略话语，强化东方强国的文化软实力，迫在眉睫。事实上，中国“汉字文化圈”长期以来已经失效，半个世纪以来，整个东亚“去中国化”倾向十分严重。因此，只有“再中国化”和“重建汉字文化圈”，诸多问题才能得到良性解决。我们只能在宽容中庸、立己达人中走以中国自身为主，吸收世界优秀文化，守正创新的文化强国路。发现东方，意味着强国文化身份重建与中国文化复兴紧密相关，同时还意味着，中国文化守正创新是国家综合实力提升的重要标志，也是推动世界自然生态和精神生态和谐均衡发展的基本保证。

真正的人生是在时代文化转型的风云中直面人生苦难、体验着生存的深渊并敢于进入深渊揭底的人生。季老以理性和语言去探索东西文化消长对话中的未知领域，在现代人的情感萎缩中唤醒对大国状态的思考，投一束思想的光亮照彻幽昧的思想暗夜，在严峻的学术文化追问中寻找中国文化生命的真正意义和未来远景。能以真血性、真情怀去担当一个世纪的苦难并开出文化精神新境界的是大写的人！

最后，感谢黄山书社汤吟菲、朱莉莉编辑，她们耐心和有效的工作，使得本书得以顺利出版。

王岳川

2015 年 9 月于北京大学